KB122826

특허 로드

특허 로드

발행일 2017년 1월 17일

지은이 이 송 무
펴낸이 손 형 국
펴낸곳 (주)북랩
편집인 선일영 편집 이종무, 권유선
디자인 이현수, 이정아, 김민하, 한수희 제작 박기성, 황동현, 구성우
마케팅 김회란, 박진관
출판등록 2004. 12. 1(제2012-000051호)
주소 서울시 금천구 가산디지털 1로 168, 우림라이온스밸리 B동 B113, 114호
홈페이지 www.book.co.kr
전화번호 (02)2026-5777 팩스 (02)2026-5747

ISBN 979-11-5987-390-4 03320 (종이책)
979-11-5987-391-1 05320 (전자책)

이 도서의 국립중앙도서관 출판예정도서목록(CIP)은 서지정보유통지원시스템 홈페이지(http://seoji.nl.go.kr)와 국가자료공동목록시스템(http://www.nl.go.kr/kolisnet)에서 이용하실 수 있습니다.
(CIP제어번호: CIP2017001225)

특허전쟁시대!
위기를 기회로 바꾸는 특허 출원 프로젝트

특허로드

이송무 지음

머리말

특허는 무엇이며, 왜 필요한가?

필자는 언젠가는 특허에 관해 대중적으로 쉽게 다가갈 수 있는 책을 집필하겠다고 생각했었다. 특허에 대한 전문적인 책들은 많이 있지만, 일반인들이 쉽게 이해할 만한 책은 없다고 생각하고 있었기 때문이다. 특히 특허 출원이라든지 의견제출통지, 기재불비와 같은 용어들은 특허업종에 종사하는 사람들을 제외한 일반 대중들이 쉽게 이해할 수 있는 용어가 아니기에, 그 전반적인 흐름에 대해 재미있는 책을 쓰고 싶었다.

현대 사회에서 특허의 가치는 갈수록 중요해지고 있다. 특허는 대기업이나 연구소들만이 필요한 것이 아니다. 오히려 특허를 필요로 하는 개인들도 많다. 특히 소규모 자영업자나 중소기업의 재산을 보호하기 위해 꼭 필요하다고 생각한다. 쉽게 말하면, **특허는 지식재산을 보호받기 위한 권리**이다. 또한, 특허는 본인의 기술을 공개하여 이익을 얻기 위한 수단이기도 한다.

만약, 당신이 특허를 가지고 있다면, 혹시라도 있을 수 있는 특허 침해에 대한 공격에서 방어할 수 있는 훌륭한 방패를 가질 수 있다. 또한, 특허를 가지고 있다면, 본인이나 자회사의 귀중한 기술을 경쟁사로부터 지키고, 나아가 부도덕한 경쟁자를 공격할 수 있는 무기를 가질 수 있다.

필자는 지식재산에 대한 일을 경험하면서, 누구나 이해하기 쉽고, 실생활이나 업무에 활용할 수 있는 책을 쓰고 싶어서 이 책을 집필하게 되었다. 이 책은 필자가 지금껏 다양한 경험을 하고, 많은 사람들과 이야기를 나누면서, 특허 관련 서적과 자료를 접하면서 떠올린 아이디어와 생각들을 정리한 내용을 포함하였다.

아울러 이 책은 특허 종사자들이 바쁜 나날 중에서 잊고 있었던 초심에 대해 다시 한 번 생각해 보는 계기가 될 수 있도록 하고 싶었다. 대부분의 특허 종사자들은 굉장히 바쁜 업무에 묻혀 산다. 의뢰인과의 상담, 의뢰기술에 대한 검토, 의뢰기술에 대한 특허작성 방안 모색, 의뢰기술에 대한 특허 출원, 기 특허 출원된 건의 중간사건에 대한 대응 및 특허맵 등과 같은 많은 일들을 수행한다.

이와 같이 많은 일들을 수행하다 보면 전체적인 안목이나 초심을 잃고, 단지 특허 등록률만을 높이기 위해 일하게 될 수 있다. 또한, 시간은 제한되어 있지만, 수많은 의뢰인들의 의뢰기술을 특허명세서로 작성하기 위해 실적처리 압박을 이유로 양질이 떨어지는 건들이 출원되는 경우가 생길 수가 있다.

물론, 여기에는 특허명세서를 작성하기 위한 시간 및 비용을 줄이고 싶어 하는 의뢰인이나 기타 이유들이 자리 잡고 있기도 하다. 이 점에 대해서는 조금 안타까운 마음이 있다. 특히, 우리나라의 특허 출원비용은 외국에 비해 저렴한 편이며, 수가가 낮아 특허사무실의 운영이 어려운 곳도 많다. 앞으로 대한민국의 특허시장이 더 커지기 위해서는 이 부분에 대해서 많은 관계자들의 논의가 필요할 것으로 생각된다.

이 책을 쓰는 가장 큰 이유 중 하나는, 대다수의 의뢰인들이 가지고 있는 소망이나 희망을 이루기 위해 특허를 가지고 싶어 하는 것을 알기에 쓰게 되었다. 필자 또한 그러한 이유로 특허를 출원했었고, 등록받은 경험이 있어서 공감할 수 있었다고 생각한다. 특허가 어떠한 가치를 가지고, 어떠한 권리를 가질 수 있는지를 쉽게 말하고 싶었다.

또한, 특허 출원 과정에 대한 사례를 통해 설명함으로써 특허사무소나 특허법인을 찾는 의뢰인들이 미리 머릿속으로 어떠한 과정이 있는지 그려볼 수 있도록 하고 싶었다. 사람은 미래에 어떤 일들이 발생할지 알게 되면, 감성적인 대응보다는 이성적으로 어떻게 일을 처리하고, 해결해야 할지에 대해서 현명하게 판단할 수 있기 때문이다.

아무쪼록 이 책이 특허를 필요로 하고, 특허를 가지고 싶어 하는 사람, 특허 출원에 관련된 실무자 및 특허업계 종사자들과 기업에서 특허를 담당하는 사람들에게 필요한 책이 되기를 바란다.

마지막으로, 이 책을 쓰는 가장 큰 이유로는 지식의 전수와 우리 사회의 긍정적인 발전에 대해 사람들이 생각해 볼 수 있는 기회를 만들기 위해서였다. 훗날, 우리 아이들이 살아가는 이 나라가 정의롭고, 원칙대로 행동할 수 있는 나라가 되었으면 하는 바람을 담아 또 다른 촛불 하나를 바친다.

2017년 1월

이송무

등장인물 소개

[삼한기업]

• 박정환 대리

엉뚱한 생각을 잘하지만, 일에 대한 열정만큼은 그 누구에게도 뒤지지 않을 정도로 무엇이든지 열심히 하는 주인공. 삼한기업의 연구개발부에서 의료기기 제품 개발업무를 수행하다가 특허 분쟁을 계기로 특허 TF팀으로 발령받아, 하나하나씩 일을 해결해가며 성장한다.

• 유철인 팀장

꼼꼼하고, 섬세한 성격의 소유자. 평소 많은 책과 신문 등을 읽는 것으로 유명하며, 논리적 사고를 중요시한다. 삼한기업의 창립 멤버 중 한 명으로, 경영팀의 팀장을 맡고 있었지만, 특허 분쟁을 계기로 특허 TF팀의 팀장을 겸직하게 된다.

• 강민욱 과장

빠른 일 처리가 장점이며, 친화력이 뛰어나다. 품질부서에서 근무하면서 특허 TF팀으로 합류하게 된다.

• 박명철 주임

느긋느긋한 성격의 소유자로, 뛰어난 체력을 가지고 있다. 평소 운동을 좋아하며, 예의가 바르다. 생산관리부에서 특허 TF팀에 막내로 합류하게 된다.

• 이정도 사장

삼한기업의 대표이사. 평소 공자의 『논어』를 즐겨 읽는다. 유철인 팀장의 선배이며, 공학도이다. 회사를 창립한 지 10년 만에 의료기기 분야에서 강소기업으로 회사를 성장시킨다. 특허에 관심이 없었으나, 특허 분쟁을 계기로 특허의 중요성에 대해 눈을 떴다. '직원의 성장이 회사의 성장이다'라는 경영철학을 갖고 있다. 또한 부의 재분배를 통해 사회에 기여하는 것이 건강한 사회를 만드는 것이라고 생각하며 이를 실천한다.

[신웅기업]

• 한용희 사장

삼한기업의 경쟁사인 신웅기업의 대표이사. 저돌적인 경영을 펼치는 게 장점이다. 황소같이 한번 세운 계획은 끝까지 밀고 나가는 인물이며, 이정도 사장의 대학 동기이기도 하다.

• 마재석 팀장

신웅기업 개발팀의 팀장. 치밀한 성격의 소유자로, 상황판단 능력이 뛰어나다.

[그 외 인물]

• 최철한 변리사

전형적인 모범생 스타일. 꼼꼼하고, 판세를 읽는 능력이 뛰어나다. 일의 본질을 꿰뚫는 통찰력을 가지고 있다. 바둑을 좋아하며, 아마 3단 기력의 고수다.

• 한송이 연구원

한국생명과학원에서 선임연구원으로 근무하는 인재이자 박 대리의 여자친구. 따뜻한 성격의 소유자이나, 장난기가 많아 박 대리를 놀리는 게 취미다. 박 대리가 힘들 때 옆에서 지켜주고, 가끔씩 일의 해결에 도움이 되는 아이디어(?)를 제공해준다.

차례

프롤로그

경쟁사로부터 날아온 경고장

그날도 여느 때와 같이 화창한 봄날이었다.

평소와 같이 출근 시간보다 일찍 출근한 박 대리는 업무를 시작하기 전, 자기계발 책을 30분 정도 읽고, 메일을 체크하며 업무를 시작하였다. 출근 시간이 가까워져 오면서, 서서히 다른 사람들도 출근하기 시작하였다.

"안녕하세요? 오늘도 좋은 아침입니다."

박정환 대리는 출근하는 동료들에게 밝게 인사하였다.

그렇게 박 대리가 동료들과 업무에 매진하고 있던 순간, 회사에 한 통의 메일이 수신되었다. 이 한 통의 메일은 평화롭던 삼한기업을 위기에 몰아넣었다. 그 메일은 다름 아닌, 삼한기업의 경쟁사인 신웅기업으로부터 발송된 특허 침해에 대한 경고장이었다.

경고장이 발송되고 나서, 1시간 후 회사 경영진과 각 부서의 팀장급의 회의가 열렸다. 삼한기업의 대표이사인 이정도 사장이 먼저 말을 꺼내었다.

"여러분, 중요한 안건이 있어 이렇게 긴급하게 회의를 열게 되었습니다. 미리 말씀드린 대로, 신웅기업에서 이번에 우리 회사에 대해 특허 침해 경고장을 발송하였습니다. 그래서 앞으로 대응방안에 대해 논의하고자 하오니 여러분께서 좋은 의견을 주시기 바랍니다."

"제 생각으로는 각자의 제품이 다르다고 생각하는데, 어떻게 신웅기업에서 우리 회사의 제품이 본인들의 특허를 침해했다고 경고장을 보낸 건가요?"

생산관리부의 김대영 부장이 이정도 사장의 말이 끝나자마자, 궁금했던 사항에 대해서 물었다.

"좋은 지적입니다. 안 그래도 경고장에서 보낸 내용이 사실인지에 대해서 우리 연구개발부에서 파악 중입니다."

연구개발부서의 오기원 부장이 대답하였다.

이어서 이정도 사장이 말하였다.

"갑자기 신웅기업이 왜 우리에게 이러한 공격을 감행한 것일까요? 저는 우선 그게 궁금합니다."

"그 이유를 저희 경영팀에서 분석해 보았습니다. 아시다시피, 우리 삼한기업은 혈액분석기를 주력 제품으로 시장의 점유율을 높여 나가고 있습니다. 현재 매출액을 기준으로 매년 약 20%씩 성장하는 상황입니다. 그런데 관련 분야에서 비슷한 제품을 먼저 판매하고 있던 신웅기업의 매출은 감소하게 되면서, 후발주자인 우리 삼한기업의 제품에 대한 견제와 공격을 개시한 것이라고 판단됩니다."

경영팀의 유철인 팀장이 좌중에게 설명하였다.

"저도 그렇게 생각합니다. 만약, 신웅기업에서 보내온 대로 우리 삼한기업이 신웅기업의 특허를 침해했다면 막대한 배상과 함께 현재 판매되고 있는 우리 회사의 혈액분석기 제품을 판매할 수 없게 될 수 있다는 것입니다. 이는 회사의 생존 여부를 결정지을 수도 있습니다."

유철인 팀장의 말에 이어 영업부의 한강혁 부장이 이번 안건에 대한 심각성에 대해 우려 섞인 말을 전하였다.

다들 특허 침해에 대한 경고를 회사를 설립하고 처음 겪어보는지라, 어떻게 대응해야 할지에 대해서 고민에 빠져있던 때에, 유철인 팀장이 조심스레 말을 꺼내었다.

"제 지인 중에 이런 일을 겪은 분이 계시는데, 그때 그 일을 해결해주신 변리사님이 있다고 들었습니다. 우선 그분께 맡겨보는 것이 좋을 것 같습니다. 그리고 이번 일은 특허 TF팀(Task Force Team)을 꾸려서 대응하는 것이 바람직하다고 생각하는데, 사장님께서는 어떻게 생각하시는지요?"

"그거 좋은 생각입니다. 유철인 팀장님께서 말씀하신 대로, 그 두 가지 모두 바로 시행하도록 합시다. 다만, 특허 TF팀의 책임자는 누가 맡겠습니까?"

이정도 사장이 각 부장들에게 물었지만, 다들 이번 일의 심각성과 어려움을 의식하였는지, 아무도 선뜻 나서지 못하는 듯했다. 그러자 이정도 사장은 이런 반응을 예상했다는 듯 자연스럽게 말을 이었다.

"흠, 이번 일은 어렵겠지만, 유철인 팀장이 맡아서 해주시지요."

"예, 알겠습니다."

유철인 팀장은 이정도 사장의 지시에 답하고 난 뒤, 깊은 생각에 빠져들었다.

1장

박 대리, 특허 TF팀으로 발령받다

경영진 회의 다음 날, 유철인 팀장은 이정도 사장을 찾아왔다.

"사장님, 어제 회의에서 말씀하셨던 특허 TF팀의 구성안에 대해서 말씀드리고자 찾아왔습니다."

"유 팀장, 편하게 이야기하세요. 유 팀장은 내가 가장 믿는 사람이에요."

둘은 따뜻한 홍차를 나눠 마시면서 이야기를 나누기 시작하였다.

먼저 이정도 사장이 말을 꺼내었다.

"사실 이번 기회를 통해서 특허전담 부서를 만들고 싶은 생각이 있습니다만, 어떻게 생각하시는지요?"

이에 대해 유철인 팀장이 답하였다.

"사장님, 저도 그러고 싶지만, 우리 회사는 중소기업이지 않습니까? 대기업처럼 특허전담부서를 두는 것은 비효율적인 것 같습니다. 제 생각에는 우리 회사의 각 핵심 부서에서 한 명씩 차출해 특허 TF팀을 꾸리는 게 어떨까 합니다. 제가 계획한 특허 TF팀 구성은 연구개발부에서 1명, 품질부에서 1명, 생산관리부에서 1명, 그리고 경영부서에서는 저까지 이렇게 4명입니다. 인원을 더 배치하고 싶지만, 중소기업인 우리 현실에서는 이 방안이 최선의 구성이라고 생각됩니다."

"저도 그렇게 생각합니다. 대신 이번 일에 대해서 최대한 전사적 지원을 아끼지 않도록 하겠습니다. 유 팀장, 생각해 둔 사람들은 있는가요?"

"네, 안 그래도 평소부터 눈여겨봤던 사람들이 있습니다."

"좋습니다. 역시 내가 아끼는 후배답군요. 역시 혜안이 있어요."

기분이 좋아진 이정도 사장은 가벼운 농담이 섞인 말을 건네었다.

"이게 다 직원을 채용할 때 사장님께서 직접 좋은 인재들을 고르고 골라서 채용한 덕분이지요."

"하하하, 이거 서로 금칠하는 격인데, 기분은 나쁘지 않습니다. 아무쪼록 이번 일에 잘 대응해서, 우리 회사와 직원들이 계속 성장할 수 있도록 잘 부탁드립니다."

"최선을 다할 테니, 걱정하지 마십시오."

"그럼 유 팀장만 믿습니다."

이정도 사장은 아끼는 후배이자, 회사의 핵심인력인 유철인 팀장의 손을 꼭 잡으며 말하였다.

그 진심을 알기에, 유철인 팀장도 마주 잡은 두 손을 꽉 잡으며 전의를 다졌다.

자리에 돌아온 유철인 팀장은 각 부서에 업무 요청을 하였다.

'안녕하세요. 경영팀 팀장 유철인입니다. 우리 삼한기업의 특허 분쟁 대응을 위해서 인원 차출 요청드립니다. 제가 요청드린 인원을 당분간 특허 TF팀에 배치하고자 하오니, 해당하시는 각 부서장님들은 협조해주시면 감사하겠습니다.'

업무 협조 메일을 수신한 연구개발부 오기원 부장이 박 대리에게 말하였다.

"이봐, 박정환 대리! 자네 잠시 내 자리로 와주게나."

"네, 부장님."

박 대리는 하던 일을 멈추고, 오 부장에게 갔다.

"다름이 아니라, 박 대리를 당분간 특허 TF팀에서 일하게 해달라는 업무 협조 요청이 왔네."

"네? 저를요?"

"그렇다네, 아무래도 이번 신웅기업에서 우리 삼한기업에 제기한 특허 공격에 대응하고자 TF팀을 꾸릴 것인가 보네."

"아! 그렇군요. 안 그래도 어제부터 회사 분위기가 뒤숭숭하더라고요."

"자네에게는 생소한 업무겠지만, 가서 여기에서처럼 최선을 다하고 다시 복귀해주게."

"예! 당연하지요."

"내일 오전부터 특허 TF팀에서 일하면 되네. 대신, 가끔 원래 하던 일도 신경 써주게나. 그리고 우리 팀에서 하는 일은 계속 에버노트와 공유폴더에 올려 놓을 테니, 틈틈이 확인하도록 하게."

"네, 그렇게 하겠습니다."

대답을 마친 박 대리는 자리에 돌아와서, 하던 일에 대한 중요사항을 부사수인 장태연 주임에게 인수인계하였다.

인수인계를 하는 도중에 박 대리는 속으로 생각하였다.

'내일부터는 새로운 업무를 하겠구나. 특허에 대해서는 백지 상태나 다름없는데, 오늘 집에 가서 조금이라도 알아봐야겠다.'

퇴근 후, 집에 돌아온 박 대리는 인터넷으로 '특허'에 대해 검색을 시작하였다.

검색하면서 살펴보니, 특허용어나 어려운 법률 용어가 이해되지 않아 생각보다 이해하는 데 시간이 오래 걸렸다. 그러다 보니, 어느덧 잠자리에 들어야 할 시간이 되었다.

'이거 참… 특허가 이렇게 중요한 거였나? 전혀 몰랐네. 지금까지 특허가 제품을 보호하기 위한 것으로 단순히 알고 있었는데, 생각보다 다양하게 활용되고 있었구나.'

박 대리는 처음 접하는 놀라운 지식에 밤이 깊어가는 줄도 모르고 흠뻑 빠져 들어갔다.

박 대리는 속으로 이번 일을 통해서 많은 것을 배울 수 있을 거란 기대감을 안고 잠들었다.

다음 날, 평소보다 일찍 회사에 도착한 박 대리는 임시로 마련된 특허 TF팀에 문을 열고 들어갔다.

"아, 박 대리! 어서 오게."

먼저 사무실 안에 있던 유철인 팀장이 반갑게 맞아주었다.

"안녕하세요, 유철인 팀장님. 여기에서 뵙게 되니 반갑네요."

박 대리와 비록 다른 부서였지만, 평소 복도에서 자주 뵙던 유 팀장을 보니 긴장감이 다소 풀렸다.

유철인 팀장은 부하직원들을 인격적으로 대하기로 소문난 상사였다. 그렇기에 박 대리는 내심 기뻤다.

"나도 반갑네. 곧 특허 TF팀에 합류할 사람들이 더 올 거라네."

말이 끝나자마자, 문을 열고 두 사람이 이어서 들어왔다.

품질부 강민욱 과장과 생산관리부 박명철 주임이었다.

둘 다 다른 부서였지만, 현장을 오고 갈 때마다 마주치던 사람들이었다.

이 두 사람을 유철인 팀장이 반갑게 맞아주었다.

"어서 오게. 강민욱 과장, 박명철 주임."

"네! 유 팀장님, 이렇게 불러주셔서 감사합니다."

강민욱 과장이 대답하였다.

곧바로, 유 팀장이 말을 이었다.

"다들 서로 아는 사이이니, 통성명은 생략하고 특허 TF팀을 꾸리게 된 이유에 대해 설명하도록 하겠네. 다들 알고 있다시피, 얼마 전 신웅기업에서 우리 삼한기업에 특허 침해 경고를 보냈네. 그래서 우선 특허 침해에 대해 방어를 하고, 앞으로 우리의 제품과 기술을 보호하기 위해 특허를 취득할 생각이네. 이를 위해 우리 4명이 임시로 팀을 이루어서 일을 진행하고자 하네."

"아, 그렇군요. 그런데 저희는 각자 부서도 다르고, 특허에 대해서 잘 모르는데, 괜찮겠습니까?"

강민욱 과장이 유 팀장에게 물었다.

"처음부터 전문가가 어디 있겠나? 나도 특허에 대해서 잘 모르는 것은 자네들과 마찬가지이네. 다만, 내가 여러분들을 꼭 집어서 팀에 소집한 것은 평소부터 눈여겨보았던 직원들 중 자네들이 각 부서에서 가장 열정적이고, 근면해서 보여서랄까? 난 모든 일은 꾸준히 열심히 하는 것이 가장 중요한 것이라고 생각하네."

이어서 박 대리가 유 팀장에게 질문하였다.

"그럼 저희는 앞으로 어떻게 해야 하는지요?"

"음, 우선은 신웅기업에서 보내 온 특허 침해 경고에 대해 대응하는 것과 우리 회사의 제품을 특허 등록시키는 일을 해야 하네. 이 두 가지가 가장 큰 현안이네. 그래서 각자 주어진 임무를 수행해주면 좋겠네. 또한, 특허를 취득하는 것에 대해서는 연구개발부서가 가장 중요한 역할을 하겠지만, 다른 관점이 필요하다고 생각되기 때문에 다 같이 자유롭게 토의를 하면서 일을 진행하고자 하네. 우선 전문가의 도움이 필요할 것이라 생각되어, 변리사님에게 조언을 들으면서 일을 진행하면 될 걸세."

유철인 팀장은 미리 계획한 바를 팀원들에게 설명하였다. 이어서 바로 말을 이었다.

"우선, 박 대리는 나와 같이 최철한 변리사를 만나러 오늘 오후에 갈 테니, 준비해두게."

"네, 알겠습니다."

박 대리는 유 팀장의 말을 메모하면서 대답하였다.

"우리가 최 변리사를 만나는 동안 강민욱 과장과 박명철 주임은 신웅기업에서 보내온 경고장에 대해 면밀하게 검토해주게."

"네!"

박명철 주임이 힘차게 대답하였다.

"그리고 미안하지만 원래 맡고 있는 일에 대해서도 신경을 써주게. 대신 이번 일이 잘 해결되면, 인센티브와 휴가를 주신다고 사장님께서 말씀하셨다네."

유철인 팀장은 진심으로 미안한 마음을 표출하면서 팀원들에게 동기부여를 제공하였다.

"오! 그렇다면 더욱더 열심히 해야겠네요."

강민욱 과장이 웃으면서 말하였다.

"그리고 앞으로 진행되는 것은 서로 에버노트에 공유하도록 하게. 회의록이나 자료정리는 박명철 주임이 맡아주게."

"그럼요! 걱정하지 마십시오. 깔끔하게 정리해서 보기 편하도록 하겠습니다."

박 주임은 두 주먹을 불끈 쥐며 말하였다.

"하하하, 역시 우리 박 주임은 힘이 넘쳐서 보기 좋아. 자, 그럼 다들 수고해주게."

"네!"

유 팀장의 말이 끝나자, 팀원들은 파이팅 있게 대답하였다.

다들 이번 일을 모두 제대로 해내겠다는 마음을 품고, 일을 하기 시작했다.

〈보충자료: 특허권의 침해와 대응〉

- **특허권 침해의 판단**

특허권 침해의 의미와 유형

1) 의의

정당한 권원이 없는 자가 유효하게 존속 중인 특허권의 특허청구범위에 기재된 기술과 동일하거나 균등한 범위의 특허발명을 특허권이 존속하고 있는 국가에서 업으로서 실시하는 것을 의미

2) 특허권 침해의 유형:

특허권 침해는 그 실시형태에 따라 직접침해와 간접침해로 나눌 수 있음

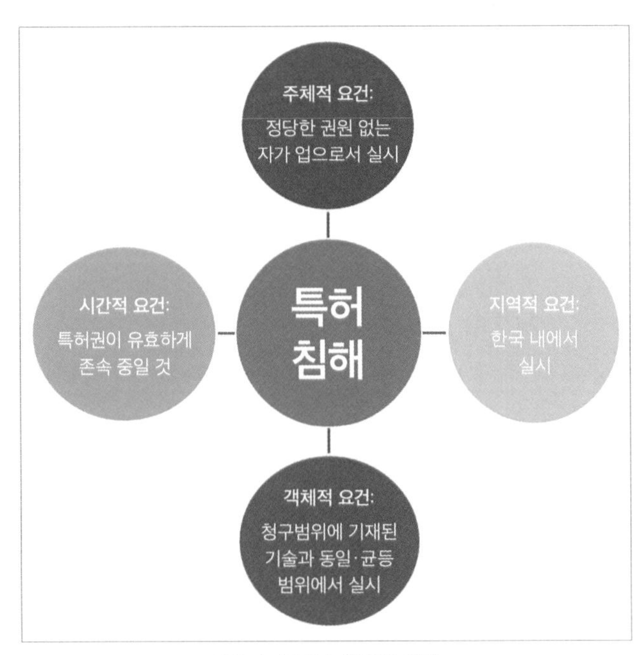

그림 1. 특허권 침해의 의미

- **직접침해**: 청구범위에 기재된 발명과 동일하거나 균등한 발명을 실시하는 경우
- **간접침해**: 직접침해는 아니지만, 침해의 예비단계로써 그대로 방치하면 침해로 이어질 개연성이 높은 예비적 행위

3) 실시행위의 태양:

① **물건발명**: 청구범위의 말미가 물건(ex: ~하는 나사못)으로 끝나는 발명. 해당 물건을 생산(제조), 사용, 양도(판매), 대여, 수입하거나 양도 또는 대여의 청약(전시 포함)하는 행위는 침해가 됨

② **방법발명**: 청구범위의 말미가 방법(ex: ~ 나사못을 사용하는 방법)으로 끝나는 발명. 해당 방법을 사용하는 행위는 침해가 됨

③ **물건의 제조방법발명**: 청구범위의 말미가 제조방법(ex: 나사못을 제조하는 방법) 으로 끝나는 발명. 해당 방법을 사용하는 행위 이외에 그 제조방법에 의해 생산된 물건을 사용, 양도, 대여, 수입하거나 양도 또는 대여의 청약(전시 포함)하는 행위는 침해가 됨

특허 초짜 박 대리와 최철한 변리사의 만남

그날 오후, 박 대리는 유 팀장과 같이 변리사 사무실을 찾아갔다.

미리 약속을 하고 간지라, 바로 최철한 변리사와 만날 수 있었다.

"안녕하세요, 최철한 변리사입니다. 여기까지 오시느라 고생이 많으셨습니다."

"아닙니다. 바쁘실 텐데 맞아주셔서 감사합니다. 유철인 팀장이라고 합니다. 그리고 여기는 연구개발부 박 대리입니다."

"안녕하세요. 박정환 대리입니다."

셋은 인사를 나누고, 책상에 앉았다.

최철한 변리사가 따뜻한 유자차를 가져다주면서 물었다.

"바로 본론으로 들어가도록 하지요. 유 팀장님, 어떤 일로 저를 찾아오시게 되었는지요?"

"네, 다름이 아니라 저희 회사가 얼마 전에 경쟁사로부터 특허 침해 경고장을 받았는데, 어떻게 해야 할지 잘 몰라서 조언을 구하고자 왔습니다."

"아, 그러셨군요. 마음고생이 많으시겠군요. 특허 침해 분쟁을 처음 겪게 되면 누구나 당황할 수밖에 없지요. 하지만 침착하게만 대응한다면 잘 해결할 수 있습니다."

이어서, 최 변리사는 온화한 미소를 띠며 말하였다.

"특허 침해 경고에 대해 대응하는 방법은 다양합니다. 먼저 상대방이 보낸 경고장을 면밀하게 검토한 후, 경고 의도를 분석하는 것이 중요합니다. 상대방의 의중을 알고 나면 대응방법을 정할 수 있거든요. 먼저, 간략히 특허 분쟁에 대해서 알려드릴 것이 있습니다. 특허 분쟁은 발생한 후에는 대응하기 늦을 수도 있습니다. 그렇기에 특허 분쟁이 발생하기 전에 치밀한 준비를 해야 합니다. 사전에 특허 분쟁에 대한 대응 절차 및 전략을 숙지하는 기업의 경우는, 분쟁이 발생했을 때 신속히 대처할 수 있지요."

"옳으신 말씀입니다. 저희도 미리 이런 일에 대한 대비를 세워놓았다면 이번에 이렇게 곤란을 겪지 않았을 거란 생각이 듭니다."

최 변리사의 말에 유 팀장이 잠시 생각한 후 대답하였다.

"우리나라 중소기업은 대부분 열악한 경영조건을 가지고 있어서, 미리 대비하기란 사실 어렵습니다. 하지만 이런 특허 분쟁이 발생했을 때 잘 극복하면 앞으로 기업의 성장에 도움이 될 것입니다."

"그래서 부탁드릴 것이 있습니다. 실은 최 변리사님을 만나기 전에 저희 사장님과 의논을 한 것이 있습니다."

"편하게 말씀하세요. 무엇이든지 도움이 될 수 있다면 고객의 일을 최대한 도와드리는 것이 제 일입니다."

"네, 그렇게 말씀해 주시니 감사합니다. 아시다시피, 우리 같은 중소기업의 특성상, 특허전담부서를 갖추기는 사실 어렵습니다. 그래서 드리는 부탁인데, 우리 삼한기업의 자문변리사가 되어 주셨으면 합니다."

유 팀장의 말에 최 변리사가 잠시 생각을 한 후 대답하였다.

"음, 알겠습니다. 대신 저와 업무협조를 전담할 직원을 한 명 정해 주시면 좋을 것 같네요. 참고로 회사에서 오래 일할 수 있는 직원이면 좋겠습니다. 그리고 이번 건과 관련되어 중요한 사내 회의에는 제가 참석해서 삼한기업의 사정을 이해할 수 있도록 해주십시오."

"그렇다면 저희야 감사하지요. 법률적인 사항에 대해서 파악하려면 그에 따른 시간이 추가적으로 소요되는데, 이것을 최 변리사님이 설명해주시면 훨씬 시간이 감소되니 저희도 좋을 것 같습니다."

유 팀장은 최 변리사의 제안에 두말없이 찬성하였다.

"그리고 앞으로 최 변리사님과 업무 소통을 할 직원은 여기 박정환 대리가 할 것입니다. 박 대리, 잘할 수 있겠지?"

"네, 그럼요! 부족하지만, 최선을 다해서 가교 역할을 잘 수행하겠습니다."

박 대리는 새로이 경험하게 될 업무에 대해서 두근거리는 마음으로 기뻐하며 대답하였다.

최 변리사가 박 대리를 바라보며 말했다.

"박 대리님, 그럼 앞으로 잘 부탁드립니다."

“최 변리사님, 저야말로 잘 부탁드립니다. 많은 가르침 주십시오.”

“하하하, 그렇다면 먼저 특허에 대해서 간략히 공부를 먼저 해둘 것을 권합니다.”

“네, 알겠습니다. 제가 잘 몰라서 그러는데, 어떤 책으로 공부를 하면 좋을지 알려주실 수 있으신가요?”

“그럼 먼저 『IPAT 지식재산의 정석』과 『지식재산의 이론과 실전』이란 책을 보실 것을 추천합니다. 이후, 공부를 더 하고 싶으시다면 『특허법』을 한번 살펴보시길 권해드리고요.”

“알겠습니다. 당장 오늘부터 공부해보겠습니다.”

“우리 박 대리님은 아주 씩씩하시군요. 믿음직합니다. 그럼 본론으로 넘어가서, 이번 특허 침해 경고장에 대한 앞으로의 절차는 다음 그림과 같이 전개될 것입니다.”

최 변리사가 종이에 그림을 그리며 설명을 시작하였다.

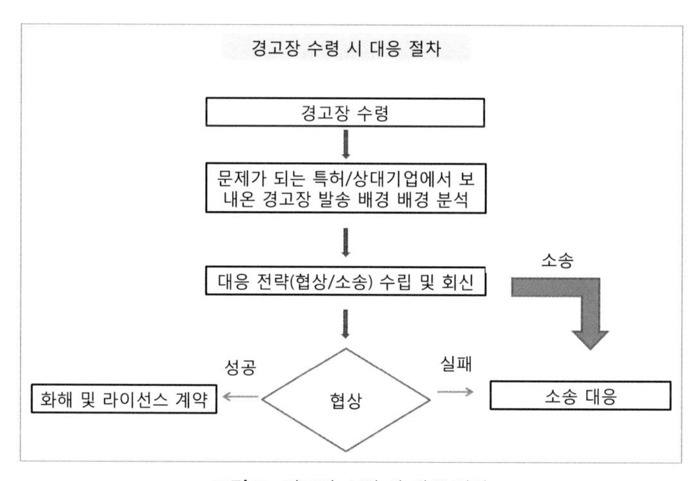

그림 2. 경고장 수령 시 대응 절차

"아, 그렇군요."

"우선 경고장의 내용 중, 침해의 근거가 되는 상대 기업이 보유한 특허권의 정보를 파악해야 합니다. 특허권의 등록번호와 상대방 기업이 특허 침해당했다고 말하는 제품의 이름이나 모델을 파악한 후, 삼한기업이 생산하고 있는 제품에 대해서 알아야 합니다. 그럼 먼저, 상대편 기업에서 보내온 경고장을 한번 살펴보지요."

"네, 여기 있습니다."

유 팀장이 내민 특허경고장을 살펴본 후, 최 변리사가 잠시 키프리스(KIPRIS)를 검색한 다음 말하였다.

"여기 키프리스(KIPRIS)에는 한국뿐만 아니라 해외의 특허도 검색할 수 있습니다. 물론 국가에서 운영하고 있는 사이트라 무료이고요. 어디 한번 신웅기업에서 명시한 특허를 볼까요? 아! 신웅기업에서 저번 달에 등록된 특허를 가지고 이번에 경고장을 보냈군요. 참고로 거절되거나 취하된 특허를 가지고 경고장을 보냈다면 대응할 필요도 없습니다. 또한, 상대방의 제품이 실제 생산되거나 판매되고 있어야 합니다. 그리고 경고장에 보유한 특허나 침해 제품이 한 개 이상 기재되어 있어야 합니다. 만약 둘 다 없다면, 대응할 필요 없이 계속 하던 일에 집중하면 됩니다. 다만, 이번 건은 상대방이 특허를 보유하고 있어서, 상대기업의 제품과 삼한기업의 제품을 비교해보아야 합니다. 이 비교작업은 아무래도 제품을 실제 만들어 본 박 대리와 같이 협업해야 할 것 같습니다."

"네, 알겠습니다."

최 변리사의 말에 박 대리가 대답하였다.

"그리고 경고장을 발송한 신웅기업의 최종 목표나 의도에 대해서 파악해야 합니다. 이 부분은 유철인 팀장님께서 해주시는 것이 좋을 것 같습니다."

"네, 알아보고 결과를 말씀드리겠습니다."

"참고로 상대방이 시장 진입 저지를 목표로 한 경우라면, 협상의 여지가 적어서 소송으로 갈 수도 있을 것 같습니다. 그리고 로열티 수입이나 업무 제휴를 목적으로 한 경우라면 협상으로 마무리될 가능성이 있습니다."

"아, 그렇군요."

"그렇기 때문에, 이러한 특허 침해 경고장에 대해서는 특허 법률적 관점에서 검토하는 것과 경제적 관점에서 검토하는 것으로 나누어서 이원화하여 대응 전략을 세우는 것이 바람직합니다. 참고로 특허법률적 관점의 검토란 문제특허의 권리범위 파악, 제품의 문제특허 침해 가능성 검토, 문제특허의 무효성 검토를 말합니다. 이는 침해 소송이나 협상 등의 절차에 있어서 매우 중요한 사항입니다. 여기에서 깊게 들어가면 이해하기 어려울 수 있으니, 이것은 제가 추후에 박 대리와 같이 일하면서 알려드리도록 하지요. 덧붙여, 경제적 관점에서의 검토는 사업적 영향 검토와 소송 경제 검토를 말합니다. 사업적 영향 검토는 특허 침해를 받았다는 사실이 공개되면 기업 이미지에 부정적 영향을 줄 수 있고, 매출이나 납품 거래 업체에서 거래 중지가 될 수도 있는 것이지요. 이에 대해서는 적극적인 특허 침해 반

박 전략이 필요하고, 손실 예측 및 사업적 대안을 마련해야 합니다. 그리고 소송이 장기화될 경우 소송비용뿐 아니라 로열티 금액이 크게 증가할 수 있기 때문에, 소송의 승패 여부를 미리 치밀하게 검토해봐야 합니다."

유 팀장과 박 대리는 최 변리사의 말을 조용히 경청하였다.

유 팀장이 최 변리사에게 물었다.

"저, 그럼 변리사님 우리는 무엇부터 해야 합니까?"

"먼저, 경고장에 대한 회신을 보내면서 다음 전략을 짜도록 하지요. 그리고 특허 법률적으로는 제가 우선 검토하고 난 뒤 자문을 드리기로 하고요. 삼한기업에서는 내부적으로 경제적 검토를 동시에 진행하는 것이 좋을 것 같습니다."

최 변리사의 말에 박 대리가 질문을 던졌다.

"경고장에 대한 회신은 어떻게 하나요?"

"필요한 사항으로 간략히 서술하면 됩니다. 침해인정으로 오인할 수 있는 문구나 표현은 하면 안 됩니다. 그리고 장래의무 부담행위에 대한 것도 서술하면 안 됩니다. 쉽게 말하자면, 대가를 지급하겠다든지, 제품 생산기한에 대한 내용을 쓰지 말라는 것이지요. 더하여, 침해 관계의 설명 및 근거자료를 요구해야 합니다. 특허 침해에 대한 입증 책임은 특허를 가지고 있는 상대 권리자에게 있음을 명시하는 것이지요. 마지막으로, 협상의 여지를 남겨서 회신하는 것이 좋습니다. 비니지스 세계에서는 영원한 적도 영원한 동지도 없는 법이지요."

최 변리사는 말을 끝마치고, 또 다른 그림을 그리면서 설명하였다.

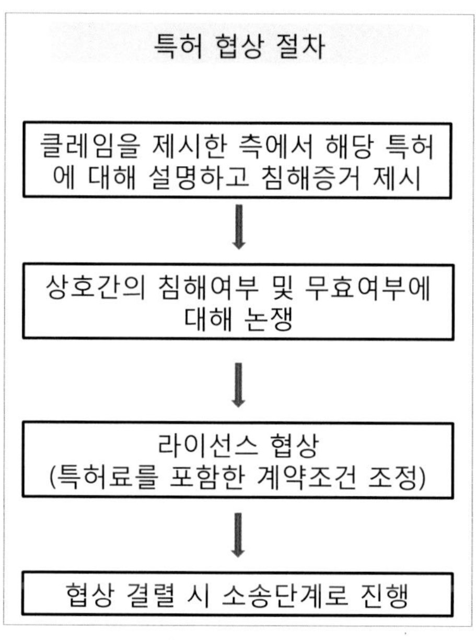

그림 3. 특허 협상 절차

"특허 협상 절차는 통상적으로 이렇게 진행됩니다."

유 팀장과 박 대리는 자세를 앞으로 기울이면서 최 변리사의 말에 귀를 기울였다.

"참고로, 특허 협상 전에 미리 특허 여부와 특허의 무효 여부에 대한 분석을 수행하여 경고장에 회신하는 것이 좋습니다.

또한 협상 전, 또는 협상 중 특허 침해를 주장한 자에게 침해의 증거를 요청해야 합니다. 다시 한 번 말씀드리지만, 특허 침해는 특허권자에게 입증 책임이 있기 때문입니다. 따라서 특허권자가 증거를 제시하는 것이 원칙입니다.

그리고 협상 중에는 특허를 침해했는지 여부에 대하여 특허권자와 논쟁을 하면서, 침해 주장의 근거가 된 특허권의 무효 가능성에 대하여 특허권자와 함께 토의하는 것이 좋습니다. 기술 논쟁은 로열티 금액을 정하거나 소송 단계에 영향을 미치므로 치밀한 대응이 이루어져야 합니다."

유 팀장과 박 대리는 최 변리사가 그려주는 그림을 보면서, 설명을 들으니 이해하기 훨씬 쉬웠다. 박 대리는 속으로 생각했다.

'아, 이래서 특허 분쟁은 전문가의 도움이 필요하구나.'

"너무 걱정하지 마세요. 우리에게는 상대방의 공격에 대응할 수 있는 다양한 방법들이 있습니까요. 법은 어느 한쪽에만 이롭게 만들지는 않는다고 생각하거든요."

덧붙여 최 변리사는 말을 이어나갔다.

"특허권을 소유한 기업의 공격수단으로는 특허 침해 금지 청구, 특허 침해 금지 가처분 및 적극적 권리범위 확인심판이 있습니다. 대신, 특허권의 대항을 받는 기업의 방어수단으로는 특허무효심판과 소극적 권리범위 확인심판이 있습니다. 이에 대한 자세한 것은 박 대리님께서 한번 공부해 본 후에 대화를 나누는 것이 좋을 것 같습니다."

"네, 알겠습니다. 회사에 돌아가자마자 바로 검토해보겠습니다."

최 변리사가 내준 숙제를 박 대리는 회사에 들어가자마자, 바로 착수하여 검토하기 시작하였다. 서류에 얼굴을 파묻고, 서류를 검토하다 보니 어느새 날이 어두워져 있었다.

그제야 박 대리는 약속이 있었던 것을 기억하고는, 부랴부랴 퇴근하였다.

〈보충자료: 특허심판 알아두기〉

• 특허민사소송 절차

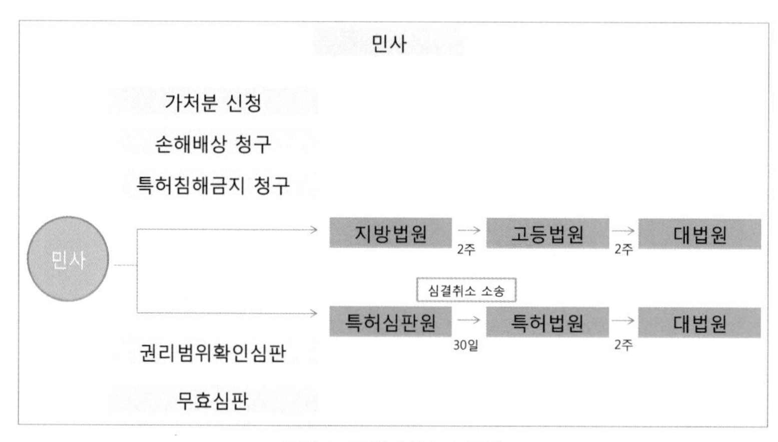

그림 4. 특허민사소송 절차

Q: 특허민사소송과 특허심판이 따로 진행되는 경우, 결과가 다르면 어떻게 하나요?

A: 상이한 결론이 도출되는 것을 방지하기 위해, 특허심판원에서의 특허심판결과를 기다렸다가 판결을 내리는 경우가 많습니다.

• 특허형사소송 절차

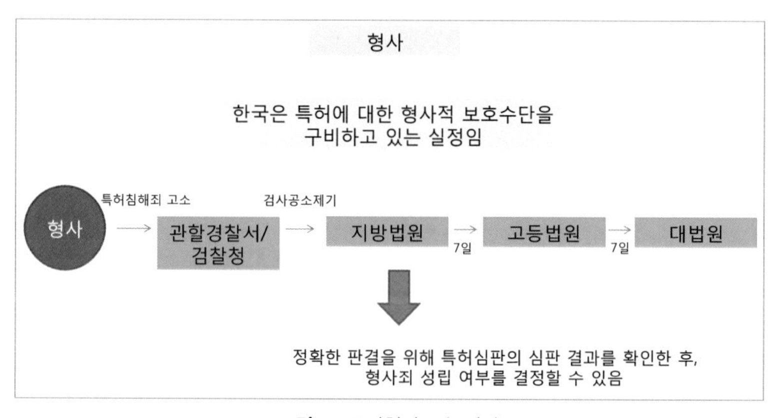

그림 5. 특허형사소송 절차

박 대리, 특허 공부에 빠지다

퇴근 후, 박 대리는 모처럼 여자친구인 한송이를 만나기로 하였다. 머리가 복잡할 때, 박 대리는 한송이를 만나면 마음이 한결 가벼워졌다. 박 대리의 여자친구 한송이는 생명공학을 전공하고, 전공을 살려 한국생명과학연구원에서 유전자 분석과 관련된 일을 하고 있었다.

둘은 우연히 제주도 게스트하우스에서 만나게 되어, 펜팔로 안부를 주고받다가 박 대리의 적극적인 프러포즈로 사귀게 된 사이였다.

박 대리는 기계공학을 전공하기는 했지만, 혈액분석기를 주력으로 하는 회사에서 제품개발을 하다 보니, 자연적으로 생물학에 대해 관심을 갖게 되었고, 모르는 것이 있을 때마다 한송이에게 물어보았다.

그때마다 한송이는 알기 쉽게 설명해주어서 박 대리는 여자친구를 내심 자랑스럽게 생각하였다.

박 대리가 단골 카페에서 한송이를 기다리면서 옛 추억들에 빠져 눈을 감고 있을 때, 한송이가 뒤에서 박 대리를 감싸 안으며 말했다.

"무슨 생각 중인데, 그렇게 상념에 빠져있어?"

"왔어? 우리 처음 만났을 때 생각하고 있었어."

"에이, 거짓말!"

한송이는 박 대리의 말에 웃음기를 띠며 말했다.

"근데, 얼굴이 많이 피곤해 보이네? 요즘 신경 쓰이는 일 있어?"

"역시 너에겐 아무것도 못 숨기겠네. 안 그래도 회사에서 새로 맡은 일 때문에 신경을 좀 많이 써서 그런 것 같아."

박 대리는 속으로 한송이가 독심술을 배우고 있는 것은 아닐까 하는 생각을 잠시 했다.

때마침 주문한 카페라떼와 망고바나나주스가 나왔다.

"아! 역시 퇴근 후에 마시는 망고바나나는 정말 꿀맛이라니까! 근데, 회사에서 새로 맡은 일이 뭔데?"

한송이는 망고바나나 주스를 마시며 박 대리에게 물었다.

"얼마 전에 우리 회사 라이벌인 신웅기업에서 특허 경고장을 보내와서, 그것에 대응하기 위해 특허 TF팀을 만들었거든. 근데, 내가 그 팀에 합류하게 되어서 특허 공부를 본격적으로 시작하기로 했어."

박 대리는 한송이에게 간략하게 회사 이야기를 하고, 오늘 최 변리사를 만났던 이야기를 했다.

가만히 이야기를 듣고 난 후, 한송이는 박 대리에게 물었다.

"오빠, 특허에 대해 잘 알던가?"

"솔직히 나야 제품 개발하면서 매일 기계설계만 하잖아? 지금까지는 나랑 연관이 없는 것 같아서 딱히 관심을 두지 않아서 잘 몰랐지.

그래서 오늘 최 변리사님을 만나서 이야기할 때 잘 이해가 가지 않는 것이 좀 있기는 했어. 다행히 최 변리사님이 자세하게 설명해주셔서 흐름에 대해서는 이해할 수 있었어. 송이 넌 특허에 대해서 좀 알아?"

"나야 가끔 논문으로 발표한 거 특허로 출원하려고 특허법인에 의뢰한 경험이 있어서 조금은 알지요."

한송이는 특유의 눈웃음을 지으며, 박 대리에게 말했다.

"어? 너 특허 출원한 적 있었어? 난 전혀 몰랐는데? 대단하네."

"머 그렇다고 해도 내 이름은 발명자로만 들어가고, 출원에 대한 권리는 우리 한국생명과학원에 있지. 직무발명에 대한 것은 소속된 기관이나 회사에서 승계받는 것으로 알고 있어. 대신, 그에 따른 보상이나 인센티브를 받으니까 우리들이야 좋지. 새로운 연구도 하면서 그에 따른 보상도 받고, 우리 기관도 성과가 나는 거니까. 서로 상부상조한달까?"

"아! 덕분에 새로운 사실을 알게 되었네. 그럼 나도 앞으로 제품개발을 하면서 특허 출원을 하게 되면, 그에 따른 보상을 회사에서 해주는 건가?"

"그것은 회사 내규를 우선 살펴봐야 해. 대부분의 회사나 기관은 직무발명에 대한 권리를 가져가면서, 그것에 따른 보상을 해주거든."

"오! 그렇다면 더 열심히 공부하고, 제품개발도 열심히 해야겠네. 직무발명이란 누이 좋고 매부 좋은 거구나."

"그럼! 그리고 난 오빠가 앞으로 잘 해내리라고 믿어."

"고마워, 어떻게 넌 내게 가장 힘이 되어주는 말을 어쩌나 그렇게 잘하냐?"

박 대리는 언제나 힘이 되어주는 말을 해주는 한송이에게 정말 고마웠다.

"어이구, 알았으면 앞으로 더 잘해."

한송이는 새침한 표정으로 박 대리에게 말했다.

"네! 알겠습니다."

박 대리는 한송이에게 장난스럽게 경례를 하며 대답하였다.

박 대리는 카페를 나와 서점에 들러 최 변리사가 말해준 책을 산 후, 한송이를 집에 데려다주고, 집으로 돌아왔다.

박 대리는 집으로 돌아온 후, 따뜻한 코코아 한잔을 마시면서 서점에서 산 『지식재산의 정석』을 보다가 잠이 들었다.

박 대리는 그날 밤, 특허 괴물이 자신을 잡아먹으려고 달려드는 꿈을 꾸었다.

다음 날, 회사에 출근한 박 대리는 먼저 업무용 메일을 체크한 후, 중요한 사항에 대해 답변을 작성하면서 업무에 착수하였다.

빠른 업무 속도를 위한 방법으로 박 대리는 무엇이든지 일을 시작하는 것을 선호했다.

급한 일을 하고 난 뒤, 박 대리는 어제 서점에서 산 책을 꺼내 들고 본격적으로 공부를 하기 시작했다. 지식재산의 제도에 대한 공부를 하면서, 지식재산은 크게 저작권과 산업재산권으로 나눈다는 것을 알게 되었다. 그리고 산업재산권은 특허권, 실용신안권, 디자인권,

상표권으로 구분된다는 것도 알게 되었다.

책을 보다가 특허 출원에 대한 심사 편이 나오자, 박 대리의 눈이 반짝이기 시작했다. 박 대리는 여태껏 특허를 출원하면 바로 거절이나 등록이 되는 것으로 알았다. 그런데 특허 출원에서 등록까지의 절차가 나와 있는 그림을 보자, 한눈에 특허를 특허청에 제출하게 되면 심사를 거치고, 중간 단계에서 몇 번의 거절이 있을 수 있다는 것을 알았다. 이후, 보정과 의견서가 거절이유를 극복하게 되면, 특허 등록이 될 수 있다는 것을 알았다.

특허는 등록이 되어야만 권리를 가지게 되는 것이었다. 만약, 특허가 거절이 된다면 출원된 특허에 대한 권리를 주장할 수 없는 것이라고 나와 있었다.

박 대리는 속으로 생각했다.

'그렇다면, 거절된 특허는 아무런 쓸모가 없는 것일까? 그렇다면 특허를 출원하고 나서 거절되면 괜히 특허 출원 비용만 날리게 되는 것이 아닌가?'

박 대리는 곰곰이 생각에 빠져들었다.

결국, 한참을 고민을 하던 박 대리는 최 변리사님에게 전화를 걸었다.

"최 변리사님, 안녕하세요. 박정환 대리입니다."

"네, 안녕하세요. 공부는 잘되고 계신가요?"

"네, 안 그래도 지금 공부하고 있는 중입니다. 다만, 궁금한 게 있어서 전화 드렸는데, 혹시 통화가 가능하신지요?"

"아, 물론이지요. 공자는 배움을 청하는 자에게는 언제나 가르침을 주었지요."

"저희 유 팀장님만 공자 왈 맹자 왈 하는 줄 알았더니, 최 변리사님도 공자를 좋아하셨군요."

"하하하, 아직 저도 계속 배워야 할 게 많습니다. 그보다 궁금한 것이 무엇인가요?"

"네, 다름이 아니라, 지금 특허 출원에 대한 것을 공부하고 있는데요. 특허를 등록하게 되면, 등록된 특허에 대한 권리를 가질 수 있다고 나와 있는데, 거절된 특허에 대해서는 아무런 권리도 주장할 수 없나요?"

"네, 그렇지요."

"그럼, 특허가 거절되면 아무런 필요가 없는 것이 아닌가요?"

"아, 꼭 그런 것만은 아닙니다. 특허는 등록되는 것도 중요하지만, 때로는 거절되더라도 출원하는 것도 필요합니다."

"왜 그렇지요?"

"이번에 삼한기업에서 특허경고장을 받은 것을 예로 들어서 설명해 드리지요. 이번 경우처럼, 제품을 개발하고 난 후, 생산이나 판매를 하는 도중에 특허 침해 경고를 받았을 때, 특허가 거절된 경우라도 그 회사는 대응할 수 있는 수단이 하나 더 생기기 때문이지요."

"예? 그게 무슨 소리인지 잘 이해가 가지 않는데요? 거절된 특허인데도 어떤 가치가 있다는 말인가요?"

"네, 흔히들 의뢰인들은 특허를 출원하고 난 후, 특허가 거절결정을 받게 되면 많은 컴플레인을 제기합니다만, 제가 그럴 때마다 말씀드리는 것이 있습니다. 만약 '갑'이라는 사람이 본인의 제품이나 기술에 대해 특허를 신청하지 않았을 경우, 다른 제3자가 똑같은 기술을 특허 신청해서 등록되어 '갑'에게 특허 침해를 주장하는 경우, 현실적으로 소송의 위험이 있습니다. 물론 '선사용권 제도'나 '무효심판'을 청구하는 방법이 있지만, 이는 시간도 오래 걸리고, 증명하기가 어렵습니다.

따라서, 이러한 위험을 미리 방지하기 위해서 특허를 출원해놓고, 거절되더라도 똑같은 권리범위를 가진 다른 비교대상발명(특허 문헌)의 신규성에 의해 거절된 것이 아니라면, 만들던 제품을 계속 생산이나 판매할 수 있습니다. 즉, 경영의 불확실성을 해소할 수 있기 때문에 특허가 거절된다 하더라도 분명한 가치를 가질 수 있습니다. 물론 선행된 특허 문헌의 진보성과 권리범위를 잘 살펴보아야 하겠지만요. 바둑에서 흑에게 중요한 착점은 백에게도 중요한 착점이듯 말이지요"

최 변리사의 설명을 듣고 나서, 박 대리는 머리를 망치로 맞은 듯한 충격을 받았다. 그동안 가지고 있었던 선입견이 깨졌기 때문이었다.

"바둑 명언 중 '부득탐승'이란 말이 있어요. 이 말은 욕심을 버리는 것이 승리를 취할 수 있는 뜻이랍니다. 때로는 특허의 권리범위에 연연해서 넓은 권리범위를 주장하는 것보다는 본인이 개발한 것보다 약간 큰 정도의 권리범위로 특허를 출원하는 것이 바람직합니다. 우리네 인생에서 크게 얻고자 하면, 아무것도 못 얻는 경우가 많지요. 무릇 특허도 마찬가지가 아닐까요?"

"아…."

최 변리사의 진심 어린 조언에 박 대리는 잠시 아무 말도 잇지 못하였다.

"하하하, 이거 참 제가 너무 재미없는 이야기를 길게 했나 보네요?"

"아닙니다. 정말 좋은 말씀 잘 들었습니다. 제가 가지고 있던 좁은 식견을 깨주셔서 감사합니다."

"역시 박 대리님은 공자가 살아있었다면 자로 같은 수제자가 되실 분입니다."

최 변리사의 분위기를 전환시키는 농담에 박 대리는 마음이 편해졌다.

"최 변리사님은 남들이 갖고 있지 않은 통찰력을 가지고 계신 것 같습니다."

"앞으로도 공부하시다가 모르는 것이 있으면 얼마든지 물어보세요."

"네, 감사합니다. 그럼 바쁘실 텐데, 이만 끊겠습니다."

"네, 그럼 다음에 뵙겠습니다."

통화를 끝낸 박 대리는 뜨거워진 머리도 식힐 겸, 탕비실에서 아이스 커피 한잔을 만들고 옥상으로 올라갔다.

옥상으로 올라가자, 유 팀장이 담배를 피우고 있었다.

"아, 박 대리. 어쩐 일로 옥상에 올라왔어? 담배는 끊은 것으로 알고 있는데."

"아, 네. 오랜만에 공부를 했더니 머리가 복잡해서요."

넉살을 떨던 박 대리는 유 팀장에게 최 변리사와 통화한 내용을 들려주었다. 박 대리의 말을 듣고 난 유 팀장은 담배 한 모금을 뿜으며, 농담을 건넸다.

"허허허, 이거 이제 우리 박 대리 이러다가 변리사 시험에 도전하는 것은 아닌지 모르겠네."

"에이, 변리사 시험이라니요. 그 시험이 얼마나 어려운지는 누구나 다 알고 있는데요."

"하하, 아직 자네는 모르겠지만, 최 변리사님도 원래 IT회사에 다니던 사람이야."

"네? 정말이요? 그런데 어떻게 변리사가 된 거예요?"

"내 지인이 알려주어서 나도 알게 된 것이네만, 일주일 내내 회사에서 먹고 자면서 야근하고, 인스턴트식품만 먹다 보니 돈은 많이 벌어도 삶의 보람이 없었다고 하더군. 그래서 독하게 마음먹고 2년 만에 변리사 시험에 합격했다고 들었네. 참으로 대단한 사람이지."

"와, 정말 대단하군요! 제 친구 중 한 명은 3년 동안 변리사 시험에 도전하다가 안 되어서 포기하고, 2년 만에 의학전문원에 들어간 친구가 있는데, 그 친구가 변리사 시험은 정말 고난도라고 하더라고요. 오죽하면 의전원 입학시험에는 합격한 친구가 변리사 시험에는 번번이 떨어졌겠어요."

"그러니, 최 변리사가 공부 면에서는 정말 독한 거지. 근데, 막상 만나보니 어떤가? 참으로 인품이 넉넉하지 않던가?"

"네, 저도 첫인상은 깐깐할 거라고 생각했는데, 대화를 나눠보니 옆집 아저씨같이 친근하더라고요."

박 대리는 유 팀장과 담소를 나누며 잠시 머리를 식힌 후, 다시 자리에 돌아와 다시 지식재산과 관련한 공부에 집중하였다.

〈보충자료: 특허는 언어로 된 권리다〉

- **특허청구범위의 의미**

특허청구범위는 '등록된 특허의 권리를 행사할 수 있는 범위'를 뜻한다.

- **발명과 특허**

발명 → 서류 작성 후 제출(특허 출원) → 특허 등록 여부 심사(특허청) → 심사 후 특허 등록/거절 확인

- **출원서의 내용**

1) 요약서(발명의 내용을 요약 정리)
2) 도면(발명을 그림으로 표현)
3) 명세서(발명을 글로 표현):
   ① 발명의 명칭
   ② 발명의 상세한 설명-발명 내용에 대한 해설서
   ③ 특허청구범위 - 권리로 보호받고자 하는 범위를 기재한 권리서
   ④ 도면의 간단한 설명

"특허 침해여부를 판단하는 가장 중요한 기준은 특허청구범위이다!"

참고로, 특허청구범위의 법적 의미는 출원한 경우와 등록된 경우로 나눌 수 있다. 출원한 경우, 특허청구범위의 법적 의미는 심사의 대상으로 특허청구범위에 기재된 발명(Claimed Invention)은 특허청 심사관이 특허 등록 여부를 결정하기 위한 대상이다.

특허청의 심사관 심사에 의해 특허를 받을 수 없다고 판단되는 경우에는 거절될 수 있고, 심사 과정 중에 보정을 통해 수정될 수 있다. 따라서, 출원한 경우로만 보면 권리범위가 확정된 것은 아니며, 권리를 가진 것이 아니다.

등록된 경우, 특허청구범위의 법적 의미는 특허권의 보호범위를 결정하는

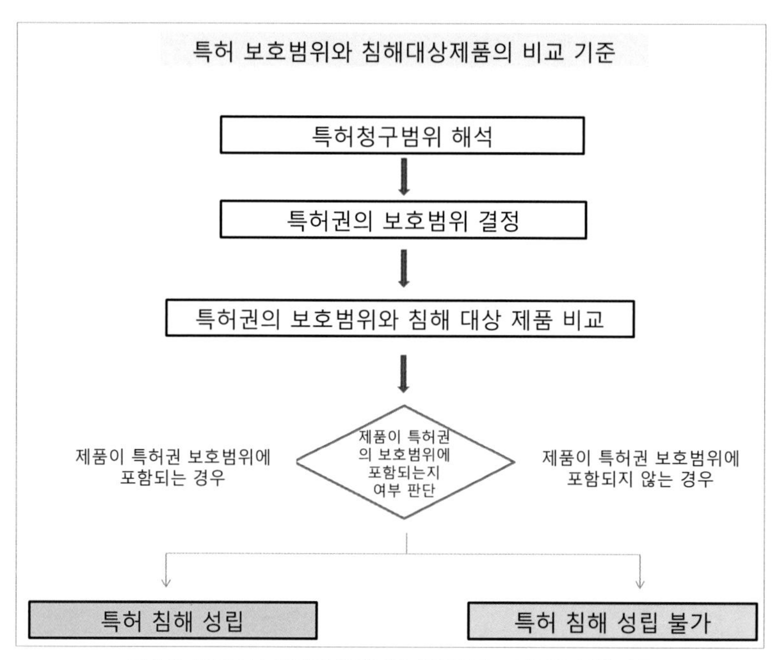

그림 6. 특허 보호범위와 침해대상제품의 비교 기준을 위한 자료

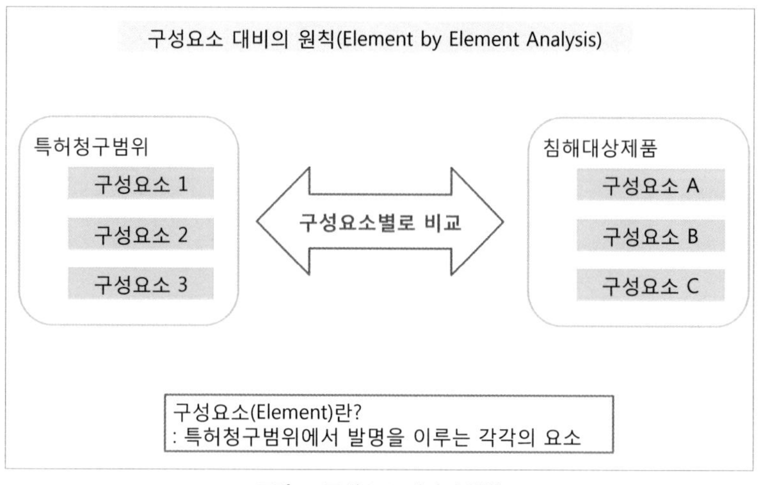

그림 7. 구성요소 대비의 원칙

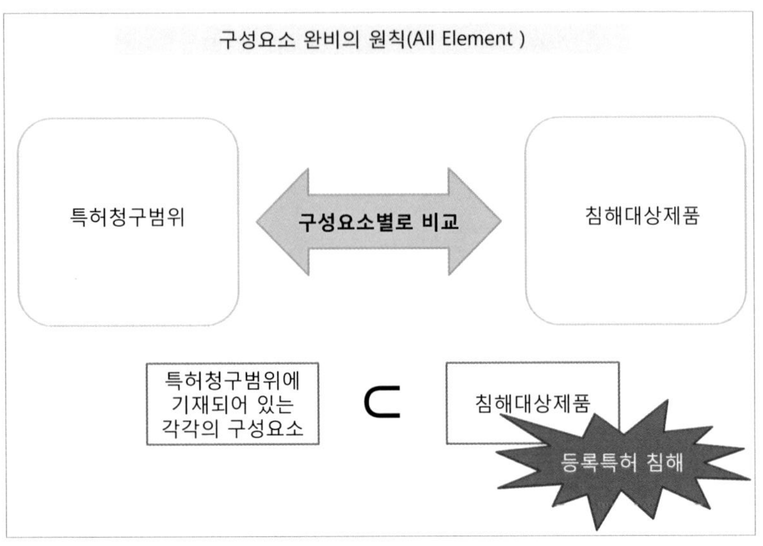

그림 8. 구성요소 완비의 원칙

역할을 한다. 권리를 발생시키는 단위로 발명을 다면적으로 보호하기 위해 특허청구범위를 여러 항으로 기재할 수 있다. 또한, 각 청구항마다 특허발명의 보호범위를 결정한다.

이와 같이, 특허청구범위가 특허권의 보호범위를 결정하는 것이므로 특허청구범위 해석이 매우 중요하다. 일반 원칙으로 특허청구범위에 기재된 사항만으로 권리범위를 해석한다. 하지만 특허청구범위 자체만으로는 해석이 불명료한 경우가 많기 때문에, 특허청구범위 자체의 해석과 보충 사항을 같이 살펴야만 특허청구범위에 대한 정확한 해석이 가능하다.

보충 사항 중, 발명의 상세한 설명 참작의 원칙을 말하는데, 특허청구범위에 기재된 사항이 불분명하거나 추상적으로 기재되어 판단이 곤란한 경우에 이용할 수 있다. 발명의 상세한 설명이나 도면을 참작하여 보호범위를 판단하며, 특허청구범위를 확장하여 해석하는 것은 불가하다.

또한, 출원경과 참작의 원칙은 출원으로부터 심사를 거쳐 특허 등록에 이르기까지의 과정을 통해 출원인이 표시한 의사 또는 특허청이 표시한 견해를 참작하여 보호범위를 판단하는 것이다. 예를 들어, 출원인 스스로 명세서에서 사용한 용어를 특정한 의미로 한정한 경우와 어떤 기술을 공지된 기술이라고 설명한 경우, 이에 반한 해석 및 주장을 허용 불가하는 것으로, 법률용어로는 '포대 금반언의 원칙'이라고 한다.

그림 7과 그림 8을 참조하여 설명하기로 한다.
예를 들면, 침해대상제품의 구성요소가 특허청구범위의 구성요소와 완전히 일치하여 A+B+C인 경우는 등록특허 침해이다. 또한, 침해대상제품의 구성요소가 특허청구범위의 구성요소를 모두 포함하고 그 외 다른 구성요소를 더 포함하여 A+B+C+D인 경우도 등록특허 침해이다.
하지만 침해대상제품의 구성요소가 특허청구범위의 구성요소 중 일부를 포함하고 있지 않은 A+B인 경우는 등록특허 침해가 아니다!

Tips! **균등론**(Doctrine of Equivalent)

- 침해대상제품의 구성요소: 특허청구범위에 기재된 발명의 구성요소가 서로 일치하지는 않지만, 균등 관계에 있는 경우 해당 구성요소를 서로 동일하게 볼 수 있다.
- 균등 관계 여부 판단 요소는 기능(Function), 방식(Way), 결과(Result) ← 3-Way 테스트를 통해 판단할 수 있다.
- 침해대상제품과 견주어 기능(Function), 방식(Way), 결과(Result)가 같으면 균등관계라고 판단하는 것이다.
- 침해대상제품과 특허청구범위의 구성상의 차이가 균등 관계에 있는 경우, 침해 인정이 된다.

2장

특허 침해에 대한 방어

며칠 후, 특허 TF팀원들은 관련 대책 회의를 위해 모였다. 팀원들은 모두 새로운 업무에 적응하느라 얼굴 살이 조금씩은 빠져 보였다.

"다들 얼굴 살이 빠진 것 같구먼. 특허라는 새로운 업무가 어렵지는 않은가?"

"조금 어렵기는 합니다만, 그래도 익숙해지고 있습니다."

유 팀장의 물음에 강 과장이 너스레를 떨며 대답하였다.

"그럼 본격적으로 회의를 시작하지. 우선 강 과장과 박 주임은 신웅기업에서 보내온 경고장을 분석한 결과를 보고해 주게."

"네, 현재 혈액분석기 시장의 점유율 1위는 신웅기업입니다. 작년 기준으로 신웅기업은 약 65%의 점유율을 기록하고, 우리 삼한기업은 약 20%에 불과했었습니다. 그런데 올해 상반기 기준으로 신웅기업의 점유율은 55%까지 떨어진 반면, 우리 기업은 32%까지 상승했습니다. 나머지 점유율은 다른 중소기업이나 외국제품이 차지하고 있는 것으로 분석되었습니다. 이에 따라, 신웅기업에서 우리 삼한기업을 견제하는 동시에 우리의 영업활동을 축소시킴으로써 신웅기업의 시장점유율을 다시 높이려는 목적으로 보입니다. 그리고 이번에 조사하다 보니 재미있는 사실을 알아냈습니다. 2년 전에 신웅기업의 개발팀장으로 새로 스카우트된 팀장이 이번 특허 침해 공격을 주도했다고 합니다."

유 팀장의 질문에 강 과장이 조사결과를 보고하였다.

"흠… 신웅기업에 새로 개발팀장으로 온 사람이 누구인지 알아보았는가?"

"네, 마재석 팀장이라고 합니다."

유 팀장의 이어진 말에 박 주임이 대답하였다.

"마재석 팀장이라고? 흠… 내가 아는 사람하고 이름이 똑같군. 설마 그 녀석일까?"

박 주임의 대답에 유 팀장은 혼잣말을 하였다.

"네? 방금 무엇이라고 말씀하셨습니까?"

"하하하. 아무것도 아닐세. 그것보다 결국 시장점유율의 변화로 인해 위기를 느낀 신웅기업에서 특허 침해 경고를 보내오게 된 것이라는 결론이군."

"네, 그런 것으로 추정됩니다."

유 팀장의 말에 강 과장이 대답하였다.

강 과장의 말이 끝난 이후에, 유 팀장은 최 변리사와 만나서 나눈 이야기를 팀원들에게 들려주었다. 박 대리는 이미 한번 들은 내용이었지만, 복습 차원에서 주의 깊게 들었다. 유 팀장의 자세한 설명을 들으면서 박 대리는 생각했다.

'보통의 상사들은 설명 없이 지시만 하고, 자기의 주관을 강요하는 사람들이 많은데, 우리 유 팀장님은 참 보기 드문 분이야.'

박 대리는 간혹 상사들 중에 옛날 방식만을 고수하면서, 자기의 생각을 강요하는 타입에 대해 '왜 저럴까?'라는 생각을 한 적이 많았다. 이에 비해 유 팀장은 팀원들이 가진 역량을 잘 펼칠 수 있도록 최대한의 업무 자유도를 부과하는 타입이었다. 그러면서도 팀원들의 집중도가 떨어지지 않도록 적절한 질문을 통해서 스스로가 문제와 해법을 찾아가도록 유도하는 타입이었다.

박 대리가 이런 생각을 하는 도중, 마침 유 팀장의 설명도 끝나가고 있었다.

"… 설명한 바와 같이, 우리는 앞으로 특허 법률적 관점과 경제적 관점에서 검토하는 것으로 나누어서 진행하고자 하네. 그래서 경제적 검토는 강 과장과 박 주임이 나와 같이하고, 법률적 관점은 박 대리가 최 변리사님과 같이 협업을 하면서 진행하는 것이 좋을 것 같네. 아무래도 경제적 검토에는 시간과 인력이 많이 필요할 수밖에 없고, 법률적 관점은 채널을 하나로 통일하는 것이 효율적이라고 생각하네. 물론, 일을 진행하면서 부족한 점은 나에게 말하면 최대한 지원할 테니 걱정하지 말게."

"네!"

유 팀장의 말에 팀원들 모두 힘차게 대답했다. 그 모습을 보면서,

박 대리는 이래서 조직에는 믿음직한 리더가 있어야 하는 법인가 하고 생각했다.

"그럼, 박 대리는 경고장에 대한 회신을 작성하고, 최 변리사님께 검토받은 후, 3일 안에 보고해 주길 바라네."

"네! 알겠습니다."

유 팀장의 합리적인 지시에 박 대리는 군말 없이 대답하였다.

"자! 그럼 다들 고생이 많은데, 오늘 저녁에는 모처럼 회식하는 것이 어떻겠는가?"

"좋지요! 제가 잘 아는 고깃집이 있습니다. 특히 그 집은 서비스가 아주 좋아요! 직원들이 열정이 넘치는 곳이랄까요?"

오랜만의 회식 소식에 박 주임이 신이 나서 말했다.

저녁 회식은 업무 이야기보다는 요즘 돌아가는 세상에 대한 이야기들을 주고받았다. 요즘 어려운 경제 상황과 원칙이 무너진 정치에 대해 말을 주고받으면서 다들 마음이 무거워졌다. 박 대리는 이러한 시국에 어떻게 하면 도움이 될지 고민하면서 소주를 연거푸 들이켰다.

'어떻게 해야 이 나라가 올바른 사회가 되는 데 도움이 될까?'

박 대리는 이런저런 생각들을 안주 삼아 술에 젖어 들었다.

최철한 변리사의 조언

다음 날, 박 대리는 먼저 신웅기업의 혈액분석기 제품과 자사의 혈액분석기 제품을 비교해보았다. 외관 디자인으로 봐서는 다르다고 생각되었으나, 상대방의 제품과 카탈로그를 비교해가면서 제품을 분해해 보니, 점점 삼한기업 제품의 구성부품이나 기능이 신웅기업 제품과 유사하다는 것을 느꼈다.

박 대리는 그 하루 동안, 신웅기업의 혈액분석기와 삼한기업의 혈액분석기를 비교해 보았지만, 마땅히 다른 점을 찾을 수가 없었다. 아마도 개발 당시, 외국의 제품을 참조하다 보니 서로 유사한 특징을 가진 제품을 개발하게 된 것으로 생각되었다. 박 대리는 이러한 생각을 정리한 후, 최 변리사에게 전화를 걸어, 본인의 생각을 털어놓았다.

박 대리의 말에 귀 기울여 들은 최 변리사가 박 대리에게 말하였다.

"저도 신웅기업에서 경고장에 기재한 등록특허를 살펴보았습니다. 관련된 특허의 권리범위를 분석하니 삼한기업 제품의 구성과 거의 동일하다고 판단됩니다. 이 경우, 특허 침해라고 주장한 상대방의 의견이 어느 정도 맞는 것 같습니다."

"네? 그럼 저희가 특허 침해를 한 것인가요?"

"음… 현재까지는 그렇게 보여집니다만, 방도가 없는 것은 아닙니다. 조금 전 박 대리님께서 신웅기업의 제품과 유사한 외국제품을 보신 적이 있다고 하셨지요?"

"네! 몇 년 전에 저희가 혈액분석기를 개발할 당시에, 독일에 갔을 때 비슷한 제품이 전시회에 나왔던 것으로 기억하고 있습니다. 저희가 벤처기업이다 보니, 선진국의 제품을 벤치마킹해서 개발했었습니다."

"그럼 혹시 그 제품이 어디 회사 제품인지 기억나시는지요?"

"그럼요! 제가 그 제품을 얼마나 좋아했는데요! 정말 잘 만들었던 제품이지요!"

박 대리는 좋아하는 장난감을 떠올리는 아이처럼 함박웃음을 지으며 말했다.

"박 대리님, 방금 말씀하신 독일 회사 이름을 말해주세요. 어쩌면 이번 신웅기업에서 공격한 특허 침해를 해결할 방안이 거기에 있을 수 있습니다."

"네? 그 말씀은 독일 회사가 저희 회사를 구해줄 수 있다는 뜻인가요?"

"아직 확실하지는 않으니, 누구에게도 말씀하시지는 마시고요. 아직은 유 팀장님에게만 보고하시는 것이 좋을 것 같아요. 우선 그 회사 이름을 알려주세요. 그리고 그 회사 제품과 관련된 파일이나 카탈로그가 있다면 주시면 좋겠습니다."

"물론이지요! 변리사님, 찾아보고 바로 보내드리겠습니다!"

전화를 끊고 난 뒤, 박 대리는 에버노트에 있던 자료를 찾아서 바로 최 변리사에게 보냈다. 에버노트를 사용하면서 언제 어디에서든 업무를 처리할 수 있게 되어 업무효율이 매우 좋아졌다. 삼한기업에서는 모두들 에버노트를 사용하는 것이 당연하게 여기고 있었다. 평상시 박 대리는 에버노트를 만든 사람은 천재일 것이라고 생각했다.

메일을 보내고 잠시 뒤, 최 변리사로부터 검토를 한 다음, 검토의견을 보내주겠다고 답변이 왔다.

다음 날, 최 변리사로부터 간단하게 메일이 왔다.

박 대리님, 문제의 해결책을 찾았습니다. 다만, 이 일은 시간이 좀 필요하니, 우선 신웅기업과는 원만히 관계를 유지하면서 협상 시간을 지연시키는 것이 좋을 것 같습니다. 우선은 제가 알려드리는 대로 회신장을 보내는 절차에 들어가도 될 것 같습니다. 제가 조만간 삼한기업에 선물을 가져다 드리겠습니다.

메일을 다 읽고 난 박 대리는 최 변리사의 말이 이해가 가지 않았다. 문제의 해결책이 무엇인지, 선물이 무엇인지 힌트라도 주면 좋으련만, 애석하게도 최 변리사는 확실한 것이 아니면 이야기를 하지 않는 타입이었다.

우선 궁금한 것은 나중에 해결하기로 하고, 박 대리는 경고 회신장을 작성하기 시작하였다. 중요 내용으로는 '우리 기업은 신웅기업의 특허를 침해한 적이 없다'라는 것과 '어떠한 근거로 삼한기업이 신웅기업의 특허를 침해했는지 설명해 주시길 바란다'는 것, '특허 침해에 대한 입증책임이 신웅기업에 있다'라는 것에 주안을 두고, 간단명료하게 작성하였다.

물론, 최 변리사가 알려준 대로, 회신장 말미에 '가급적이면 협상할 수 있는 자리를 만들어 보고 싶다'라는 것도 잊지 않고 작성하였다. 작성을 마친 뒤, 박 대리는 최 변리사에게 메일을 보내 검토를 요청하였다.

다음 날, 최 변리사에게서 답장이 온 것을 확인한 박 대리는 메일을 열어보았다. 메일 내용에는 '잘 썼습니다. 이대로 진행하세요. 수고했어요.'라고 짧게 코멘트가 적혀 있었다. 박 대리는 작성된 회신장을 유 팀장에게 보고 드린 후, 회사 공식 메일을 통해서 신웅기업에 발송하였다. 발송을 마친 박 대리는 잠시 한숨을 돌리며, 다시 본래의 연구개발 업무 중 급한 일을 처리하기 시작하였다.

그로부터 며칠 뒤, 신웅기업으로부터 답장이 왔다. 메일의 내용은 다음과 같았다.

> 삼한기업에서 보내온 회신장은 잘 받았으며, 이에 대한 협상을 위한 자리를 마련할 테니 원하는 시간 및 장소에 대해 알려주길 원합니다.

박 대리는 유 팀장에게 이를 보고하고 난 후, 미팅 날짜와 장소를 상의하여, 신웅기업에 통지하였다. 또한, 최 변리사에도 전화를 하여 관련 사항을 전달하였다.

전화를 받은 최 변리사가 박 대리에게 말했다.

"박 대리님, 협상일 이전에 저와 함께 독일에 다녀오시는 것이 좋을 것 같습니다. 이번 일을 해결할 방도를 찾았거든요."

"네? 정말요? 무슨 일이신지 지금 말씀해주시면 안 될까요? 저번부터 너무 궁금했거든요."

"저번에 박 대리님께서 말씀하셨던 독일 회사에 연락을 했었습니다. 그 이후, 현재 독일의 에이전트를 통해서 협상을 진행하고 있고요."

"네? 저로서는 지금 상황이 이해가 가지 않는데요?"

"더 자세한 말은 나중에 해드리겠습니다. 박 대리님을 못 믿는 것이 아니라, 이 일은 기밀을 최우선으로 해야 한다는 것이 제 판단이라 지금은 우선 저를 믿어주세요. 대신, 비행기 안에서 다 말씀드릴게요."

최 변리사의 말을 들은 뒤, 박 대리는 더욱더 궁금증이 커졌지만, 꾹 참고 대답하였다.

"당연히 최 변리사님을 믿고 진행해야지요."

"그래 주시면 좋겠네요. 그럼 필요한 서류를 저도 준비해 놓겠습니다."

"제가 준비할 것은 없나요?"

"흠, 독일 회사에 대한 조사와 간단하게라도 독일어 인사말 정도를 공부하시면 될 것 같습니다. 그리고 관련 분야를 공부한 유학생으로 독일어 통역을 구해주시면 좋을 것 같네요."

"알겠습니다. 그럼 독일로 언제 출발할까요?"

"협상일이 10일 후니, 독일에는 3일 후에 가시죠. 제가 독일 회사와 에이전트에 일정을 맞춰보겠습니다."

"알겠습니다. 그럼 회사에 말해서 비행기 티켓을 예약해 놓을게요"

"네, 그리고 너무 걱정하지 마세요. 모든 일은 순리대로 하는 법이에요. 그리고 이번 일은 기밀로 하셔야 합니다. 이 사장님과 유 팀장님 이외에는 비밀로 하시는 것이 좋습니다. 박 대리님과 제가 독일로 출장 간다는 것은 외부에서 모르는 것이 좋습니다. 자고로 적은 내부의 적이 무서운 법이지요."

최 변리사의 말을 들은 박 대리는 순간 비즈니스 세계야말로 전쟁터란 말이 떠올랐다.

"말씀대로 하겠습니다. 그럼 3일 후에 인천공항에서 뵐게요."

"네, 그럼 그때 뵙죠."

전화 통화를 끝낸 박 대리는 유 팀장에게 보고를 한 후, 직접 이정도 사장에게 보고를 하였다.

이정도 사장과 유 팀장 모두 왜 독일로 가야 하는지 궁금한 모양이었지만, 박 대리도 마땅히 그 이유를 알 수가 없어 최 변리사가 해준 말을 그대로 전달할 뿐이었다.

보고를 마친 박 대리는 최 변리사에게서 여권 사본을 받은 후, 비행기 티켓 예매를 완료하였다.

'휴, 이제부터 시작이구나.'

박 대리는 앞으로 바쁜 일정이 이어질 것이라 생각되었다. 하지만 새로운 경험을 하게 될 것에 대해 조금씩 기분 좋은 흥분이 되기 시작했다.

일상에서 만난 특허

출국 전날, 박 대리는 한송이를 만났다. 박 대리에게 있어 한송이를 만나는 것은 피곤에 지친 하루의 유일한 낙 중의 하나였다. 그리고 독일로 장거리 출장을 떠나기 전, 얼굴을 보고 가야 마음이 편할 것 같았다.

오늘 저녁은 한송이가 좋아하는 찜닭을 먹기로 해서, 자주 가던 맛집을 오랜만에 방문하였다. 찜닭집 사장님은 둘을 보자 반가워하며 말하였다.

"오랜만에 오시네요! 오늘도 매운맛으로 한 마리인가요?"

"네! 아주 매콤하면서도 달달하게 해주세요!"

한송이는 주문을 하면서 입가에 침이 고이기 시작하였다. 찜닭이 나오는 동안 둘은 이런저런 이야기를 주고받았다. 찜닭이 나오자마자 닭 다리를 한 입 베어먹은 한송이는 감탄사를 내뱉었다.

"아, 너무 맛있어. 역시 이 맛이야!"

"역시 우리 자기는 찜닭을 참 좋아해. 하긴 사귀기로 약속한 것을 이 찜닭집에서 한 커플은 드물 거야."

"그렇기야 하지. 그런데 이 맛은 다른 가게에서는 흉내 낼 수 없는 맛이야."

"응! 참, 그거 알아? 음식을 만드는 레시피도 특허가 될 수 있다는 거?"

"어? 정말? 나 그거는 처음 듣는 이야기인데?"

한송이가 모르는 것이 나오자, 박 대리는 어깨가 조금은 으쓱해졌다. 매사에 모르는 것이 없는 한송이에게 오랜만에 지식 자랑을 할 기회가 생겼기 때문이다. 박 대리는 가끔씩 단어 한 글자씩을 잘못 말하는 실수를 하는데, 눈썰미가 좋은 한송이는 그것을 가지고 매번 놀렸었다.

"내가 이번에 특허를 공부하면서 알게 된 건데, 음식 조리법이나 제조방법, 음식 조성물 같은 것들도 특허로 출원하고, 등록되기도 하더라고. 키프리스에 이것저것 검색해 봤는데, 재미있는 음식 관련 특허가 꽤 많아. 너무 많아서 다 못 살펴볼 정도야."

"어떤 것들이 있는데?"

한송이는 납작당면을 닭고기에 감싸 먹으며 말하였다.

"고추장 만드는 방법이랑 죽 제조방법부터 삼계탕, 비빔밥, 이유식 같은 다양한 음식들도 특허 등록된 것들이 있더라고! 그리고 애완견을 위한 음식물도 등록된 것들이 많아."

"오! 그거 신기한데? 식품이나 음식물도 특허로 등록이 되는구나."

"응! 근데, 이 가게는 이 메뉴 특허 출원했을까?"

"글쎄? 갑자기 궁금해지는데, 한번 물어볼까? 사장님, 여기 밥 볶아 주세요!"

찜닭집 사장이 다가와서 밥을 볶기 시작했다. 그 틈을 노려 한송이가 찜닭 사장님에게 질문하였다.

"사장님, 이 집 찜닭 진짜 맛있어요! 진짜 이 집 말고 다른 곳에서는 못 먹겠어요."

"아이고! 우리 단골고객이 알아주니 영광입니다! 이런 칭찬을 그냥 들을 수가 있나? 특별히 볶음밥은 서비스로 해드릴게요."

"역시 사장님, 멋져요! 참, 궁금한 것이 있는데, 이 집 찜닭 레시피 혹시 특허 출원하셨어요?"

"오호! 이 질문을 하는 손님은 처음인데, 실은 특허 출원을 할까 해서 알아보기는 했었어요."

음식점 사장의 입에서 특허에 대한 이야기가 나오자, 박 대리는 흥미를 느끼고 귀담아듣기 시작했다.

"네? 그런데 왜 안 하신 거예요? 특허 출원해서 등록되면 도움이 될 것 같은데요."

"그렇게 생각할 수 있는데, 특허를 낸다고 무조건 등록이 되는 것이 아니더라고요. 게다가 특허를 출원할 때, '청구범위'라는 것에 찜닭을 만드는 조리방법을 쓰고, 또 각각의 재료의 함량을 기재해야 한다고 담당했던 변리사가 말하더라고요. 그 말을 듣고 나니, 신중해져야겠다는 생각이 들더군요."

"왜요?"

"만약에 특허가 등록이 되면 좋겠지만, 안 될 경우 제가 찜닭을 만드는 방법이나 재료가 다 키프리스와 인터넷에 공개가 되는데, 다른 사람들이 모두 따라 할 것이 아닙니까? 그렇게 되면 장사밑천이 없어지는 것인데, 굳이 그렇게까지 할 필요는 없다고 생각했지요. 그리고 담당했던 변리사가 등록되거나 출원할 경우, 가게 홍보에는 도움이 될 수도 있다고 그랬지만, 실익을 따져보니 제 케이스에는 그냥 저만의 노하우로 두고 쓰고 싶더라고요. 만약 제가 체인점을 내게 되면 그때는 고려해 볼 생각이긴 하지만 말이에요."

찜닭집 사장의 말을 들은 두 사람은 그럴 수도 있겠다는 생각이 들었다. 박 대리는 찜닭집 사장이 특허에 대해서 꽤 해박한 지식을 가지고 있다는 생각에 질문을 던졌다.

"그런데 사장님은 음식업을 하시는데도 특허에 대해서 꽤 많이 알고 계시네요. 그리고 생각의 깊이가 깊으신 것 같고요."

"하하하, 지금 제가 이렇게 찜닭을 만들고 있지만, 한때는 저도 화학공학 박사과정까지 공부했었습니다."

"네? 정말이요? 그런데 왜 전공을 안 살리시고 찜닭을 만드시는 건가요?"

"하하하, 공대생의 끝은 치킨집 사장이라고 하지 않던가요? 우리 사회에 만연해 있는 구조적 문제라고만 해두죠. 제가 실력이 없었을 수도 있고요. 아니면 제가 운이 없었을 수도 있고요."

그 말을 마친 찜닭집 사장은 갑자기 눈물이 맺힌 듯, 손등으로 눈을 훔쳐냈다.

“하하하! 이거 흘러간 이야기로 손님들을 재미없게 했네요. 미안합니다.”

“아니에요. 사장님의 이야기를 들으니 저희도 많은 생각을 하게 되었어요. 감사해요.”

찜닭집 사장님의 말을 들은 박 대리는 얼마나 많은 청춘들과 학생들이 본인의 꿈을 현실의 벽 앞에서 중도 포기를 하는지에 대해서 생각했다. 사실 박 대리도 어렸을 때 꿈꿨던 공학자의 길이 아닌, 일반 회사원으로 살아가고 있었다. 하지만 박 대리는 본인의 삶에 감사하고 만족할 줄 아는 사람이었다.

“아무튼, 그렇다 보니 저도 논문이나 데이터 같은 것들의 흐름은 좀 볼 줄 압니다. 비록 여기가 구멍가게 수준이지만, 그래도 이 지역에서는 나름 맛집으로 소문났지요. 이거 그냥 얻어진 것은 아니에요. 실험했던 경험을 토대로 각각의 레시피를 만들 때 재료의 함량이라든지, 재료를 넣는 순서, 재료를 가열하는 순서, 재료를 혼합하는 순서 등 많은 요리실험을 했지요. 그러고 보니, 학위는 비록 못 얻었지만 실험하고, 연구했던 경험이 밥벌이를 할 수 있도록 도와주었으니, 공부한 게 헛수고는 아니었지요. 하하하… 어느새 밥이 다 볶아졌네요. 식기 전에 얼른 드세요.”

박 대리와 한송이는 찜닭집 사장님의 말을 듣고, 둘은 밥을 먹으면서도 우리 사회에 만연해 있는 사회지도층의 올바르지 않은 행태에 대해서 잠시나마 이야기를 나누었다. 무거워진 분위기를 전환시키기 위해, 박 대리는 독일 출장과 관련한 이야기를 꺼내었다.

"나 내일 독일 갔다가 5일 후쯤 돌아올 예정이야. 자기, 뭐 갖고 싶은 거 없어?"

"흠… 그럼 나 독일 병정 인형 예쁜 거 하나만 사다 줄래? 그렇지만 일이 우선이야! 바쁘면 나중에 우리 여행 갔을 때 사면 되니까."

"오케이, 접수 완료! 우리 소중한 송이 님의 선물은 제가 꼭 구해오겠나이다!"

장난스럽게 농담을 건네면서 둘은 마주 보며 웃었다. 식사를 마친 후, 한송이를 집까지 바래다주고, 집으로 가는 버스 안에서 박 대리는 찜닭집 사장님의 말을 가만히 곱씹어 보았다. 어두워진 밤거리에 켜진 불빛들을 보면서 버스 안에 있다 보니, 학창시절부터 지금껏 살아온 인생에 대해 생각하게 되었다. 그리고 특허란 생각보다 어려운 것이 아니라 우리 일상생활과도 밀접하게 관계되어 있는 것을 느낄 수 있었다.

박 대리는 이런저런 생각들과 내일 독일로 출장을 가는 설렘 때문인지 평소보다 늦게 잠이 들었다.

'음냐음냐, 역시 독일 맥주의 맛은 기가 막히는군!'

박 대리는 꿈속에서 벌써 독일에 가 있었다.

특허 라이센스 계약을 맺다!

다음 날 아침, 인천공항 티켓 창구에서 박 대리는 『특허전쟁』이란 책을 보면서 최 변리사를 기다렸다. 시간이 어느 정도 흐른 뒤, 책에 빠져있던 박 대리를 최 변리사가 발견하고, 조용히 어깨를 가만히 두드리며 말을 건넸다. 책에 빠져있던 박 대리는 최 변리사가 다가온지도 모르고 책을 읽고 있었다.

"아이고, 박 대리님! 이렇게 독서광이신지는 미처 몰랐네요. 컨디션은 어때요?"

"아, 최 변리사님, 잘 지내셨죠? 다행히 컨디션은 좋습니다."

"저도 좋지요. 아직 비행기 출발 시간까지는 여유가 있는데, 아침은 드셨어요?"

"아직 먹지는 못했습니다. 최 변리사님은요?"

"저도 아직은 먹지 못했는데, 우리 같이 아침 식사라도 할까요?"

"네, 좋은 생각이에요. 그럼 무엇을 먹을까요?"

"외국 나가면 당분간 한식은 먹기 힘드니, 한식 어때요?"

"저야 좋지요!"

박 대리와 최 변리사는 인천공항 내 한식당에 가서 각각 부대찌개와 소고기 육개장을 주문하였다. 주문한 음식이 나오고, 뜨거운 국물 몇 숟갈을 뜨자 속이 개운해지는 느낌을 받았다. 젓가락을 부지런히 놀리던 최 변리사가 박 대리에게 말을 건넸다.

"그런데 아까 읽고 있던 책은 무슨 책이에요? 얼핏 제목을 보니까 특허라는 글씨가 보이기는 했는데, 궁금했어요."

"아, 『특허전쟁』이라는 책이에요. 정우성 변리사와 윤락근 변리사께서 쓰신 책인데, 처음에는 어려웠는데 보면 볼수록 특허에 대해서 자세하게 설명되어 있어서 일반인들도 읽기 쉽게 되어 있더라고요. 근데 양은 꽤 많은 것 같아요."

"아! 그 책이었군요. 안 그래도 삼성하고 애플의 특허전쟁에 대해 논했다고 해서, 저도 한번은 읽어볼까 생각하고 있었는데…. 박 대리님, 이따가 비행기 안에서 저도 한번 볼 수 있을까요?"

"물론이지요. 안 그래도 선물을 하나 하고 싶었는데 이 책 거의 다 봤거든요. 비록 중고이긴 하지만 깨끗이 봤어요. 조금만 더 보면 되는데 선물로 드려도 될까요?"

"하하하. 저야 고맙지요. 제가 책을 원래 참 좋아했는데 일을 하면서는 한 달에 4~5권 읽기도 힘드네요. 학교 다닐 때는 1주일에 2~3권씩은 봤었거든요."

최 변리사의 말을 들은 박 대리는 '그럼 1년이면 몇 권 정도 읽은 것'인지 속으로 셈해 보았다.

'와, 그럼 어림잡아도 최소 1년에 100권에서 150권 사이란 이야기 잖아?'

박 대리는 1년에 10권을 겨우 읽는 정도였다. 박 대리는 최 변리사의 막힘없는 고객과의 공감능력은 방대한 독서량에 기반할 것이란 생각이 들었다.

둘은 아침밥을 맛있게 먹고, 비행기 시간까지 잠시 쉬다가 비행기에 올라탔다. 이코노미석이기는 하지만, 그래도 맨 앞쪽에 두 자리를 예약할 수 있어서 다행이었다. 비좁은 비행기 안에서 그나마 다리라도 뻗을 수 있는 것이 어디랴.

자리에 앉고 나서, 박 대리는 아까 읽던 책을 마저 읽기 시작하였다. 최 변리사는 피곤했는지 옆에서 금세 잠이 든 것 같았다. 한참 후, 책을 다 읽은 박 대리는 기지개를 폈다. 마침, 기내식이 나오기 시작했다. 음식 냄새에 최 변리사가 잠이 깬 듯했다.

"아, 잘 잤네요! 역시 잠깐 동안 자는 잠은 꿀맛이에요. 오! 기내식이 나오고 있네요."

"네, 또다시 체력을 보충해야지요."

박 대리와 최 변리사는 말없이 기내식과 후식을 먹은 뒤, 맥주 한 캔씩을 주문하였다. 박 대리는 벡스를, 최 변리사는 하이네켄을 주문하였다. 맥주를 한 모금 마신 후, 박 대리는 그동안 궁금했던 것을 물어보기로 했다.

"저 그런데… 최 변리사님, 지금 우리는 독일에 왜 가는 것인가요?

독일에 가면 우리 삼한기업이 특허 분쟁에서 벗어날 수 있다고 하셔서 가기는 합니다만, 사실 궁금해 죽을 것 같습니다."

박 대리의 느닷없는 질문에 최 변리사가 잠시 주위를 살핀 후, 목소리를 낮춰 대답을 하였다.

"다행히도 주위에는 외국인들만 있는 것 같군요. 사실 알려드릴 수도 있었으나, 확실하지 않은 것은 말하지 않는 것이 제 원칙이라서요. 하지만 이제 비행기도 탔고, 계약도 거의 성사 직전이니 말씀드리겠습니다."

박 대리는 최 변리사에게 더욱더 몸을 기울였다.

"실은 신웅기업에서 특허를 등록한 것을 살펴보면서 해결책을 계속 생각해 봤습니다. 그러다가 저번에 박 대리님께서 독일에 비슷한 제품을 보셨다고 하신 것이 기억나서 유럽특허에 대해서 조사해 봤습니다."

"유럽특허에 대해서 검색하시면 시간이 많이 드셨을 텐데요?"

박 대리는 고생했을 최 변리사를 생각해서인지 걱정 어린 말투로 말했다.

박 대리의 표정을 읽은 최 변리사는 싱긋 웃으며 대답하였다.

"하하하, 통상적으로 비슷한 제품에 대해서 검색했다면 저도 꽤 많은 시간과 노력이 소요되었을 겁니다. 그래서 제가 저번에 박 대리님께 독일 회사에 대해서 자료를 보내달라고 요청드린 겁니다. 출원인으로 한정해서 검색하면 바로 그 회사의 특허에 대한 데이터만을 얻을 수가 있거든요. 그래서 필요한 정보를 바로 찾을 수 있었고, 신웅기업의 특허와 독일에 있는 빈첸이란 회사의 특허에 대해서 비교해 본 결과, 빈첸이 신웅기업보다 먼저 출원되고 등록되어, 오히려 신웅기업이 빈첸의 등록특허를 침해한다는 것을 알게 되었지요."

"예? 정말이요? 그럼 저희 회사제품은 신웅기업과 빈첸의 특허를 침해한다는 것인가요? 그렇다면 더욱더 큰일 아닌가요?"

"이론상 그렇게 되지요. 하지만 비즈니스 세계에서는 이론보다는 현실적 상황을 잘 살펴보아야 하지요. 우리가 처한 상황에서는 어느 쪽과 먼저 협상을 해야 하는 지가 중요합니다. 마치 바둑에서 착수의 순서에 따라서 사활이 결정되는 것과 같은 이치지요."

"그렇다면 우리는 독일의 빈첸과 손을 잡기 위해 가는 것이군요?"

최 변리사의 의중을 이해한 박 대리가 이번 독일 출장의 목적을 어느 정도 이해할 수 있었다.

"그렇습니다. 박 대리님 최근에 특허에 대해서 공부를 하고 계신 것으로 알고 있는데, 우리가 빈첸과 만나서 할 수 있는 것은 무엇이 있을지 한번 말해 보실래요?"

최 변리사의 갑작스러운 질문에 박 대리는 잠시 생각을 정리한 뒤, 대답하였다.

"흠… 빈첸기업의 특허를 매입하거나, 라이센스 계약을 체결하는 방안이 있을 것 같네요."

"정답입니다. 우리는 지금 그것을 위해 이 비행기를 탄 것이지요."

그제야 박 대리는 이번 출장의 목적을 명확하게 깨달을 수 있었다.

"이제 이해했습니다. 그런데 그것을 이렇게까지 비밀로 할 이유가 있었나요?"

"아, 그거는 혹시 모를 불확실성을 제거하기 위해서입니다. 그럴 리는 없겠지만, 만약에 회사 내부에 신웅기업의 스파이가 있다면요? 물론 스파이는 아니겠지만, 일의 경중을 모르는 누군가가 외부에 말을 했을 때 그 말이 신웅기업의 경영진에게 들어가지 않는다는 보장이 없지요. 만약 신웅기업에서 먼저 독일의 빈첸과 어떤 협정이나 계약을 맺게 되면, 우리는 굉장히 불리해지게 되지요. 비즈니스 세계에서는 그런 일이 종종 벌어지기도 하지요. 단 몇 분 차이로 계약이 경쟁자에게 넘어갈 수도 있지요. 그래서 우리는 이번 계약을 체결하기 전까지는 절대 외부에 이 일이 알려져서는 안 됩니다. 이제 이해가 되시죠?"

"아…."

그런 상황까지는 예상하지 못했던 박 대리는 최 변리사의 설명을 듣고 나서 아무런 말도 할 수가 없었다.

"그리고 독일에 있던 에이전트를 통해서 이미 계약 준비는 끝내놓았습니다. 참고로 계약금액에 관한 사항도 이정도 사장님께 언급해 놓은 상태입니다. 또한, 이정도 사장님께서 박 대리님께 다른 계약사항에 관해서는 일임하기로 이야기를 끝내놓았으니 다른 일에 대해서는 걱정하지 않으셔도 됩니다."

박 대리는 입이 쩌억하고 벌어졌다. 그리고 나서, 조심스럽게 최 변리사에게 말했다.

"그렇다면 굳이 제가 가야 할 필요는 없지 않았나요?"

"그렇게 생각할 수도 있지만, 이정도 사장님께서는 이런 경험을 통해 박 대리님께서 성장하기를 바랐습니다. 또한, 삼한기업의 귀중한 인재가 되기를 이 사장님께서 원하셨고요."

"우리 사장님께서 그러셨다는 말인가요?"

"네, 그렇습니다. 박 대리님은 운이 좋으신 거죠. 직원들에게 그런 믿음과 신뢰를 주시는 경영자는 드물지요."

박 대리도 최 변리사의 말에 감동을 받았다.

"아직 도착하려면 반절을 더 가야 하니 좀 쉬시지요. 저는 책 좀 보렵니다."

박 대리는 다 읽은 책을 최 변리사에게 건네주었다. 최 변리사는 박 대리를 배려하며, 혼자만의 시간을 주었다. 박 대리는 독일에 도착할 때까지 눈을 감고 이런저런 생각을 하다가 깜빡 잠이 들었다.

마침내 시간이 흐른 뒤, 둘은 프랑크푸르트에 도착하였다. 입국 심사를 무사히 마친 둘은, 뮌헨으로 차를 타고 이동하였다. 뮌헨으로 가는 길은 편안했다. 박 대리는 오랜만의 외국 출장을 나가서인지, 보이는 모든 게 신기해 보였다.

뮌헨에서 도착해서 미리 예약해 놓은 호텔에서 하룻밤을 지낸 후, 이틀 동안 빈첸의 임원들과 무사히 협상을 마쳤다. 협상 시 한국인 유학생의 통역을 도움을 받아, 의사소통에는 전혀 지장이 없었다.

협상의 결과로 삼한기업은 빈첸의 특허에 대한 라이센스를 향후 10년간 사용할 수 있는 권리를 얻었다.

특허를 매입하고 싶었지만, 그렇게 되면 회사의 재정에 부담이 갈 수 있었기에 최 변리사와 의논한 끝에 이정도 사장에게 전화로 보고 한 후, 결정한 것이었다.

독일에서 나눈 진심

3일 동안의 숨 가쁜 일정을 마친 박 대리는 미리 인터넷으로 검색한 뮌헨의 기념품 가게에서 여자친구에게 선물할 인형을 하나 골랐다. 그리고 부모님과 예비 장모님, 장인어른께 드릴 선물들도 하나씩 준비하였다.

반나절의 도시 구경을 마친 후, 저녁에 최 변리사와 함께 이번 계약을 무사히 성공시킨 것을 기념하며 호텔 근처의 식당에서 간단하게 저녁을 시키고, 맥주를 즐기기로 하였다. 맥주를 좋아하는 박 대리에게 독일은 학창시절부터 가고 싶었던 곳이었다. 특히 독일에서 맥주와 소시지를 먹는 것은 박 대리의 버킷리스트 중 하나였다.

박 대리가 시원하게 맥주를 한 모금 넘기며, 최 변리사에게 말했다.

"캬아! 역시 맥주는 축하주로 마실 때가 최고예요!"

"그렇지요? 저도 일 끝내고 먹을 때가 제일 기분이 좋더라고요!"

최 변리사 또한 맥주를 시원하게 마시며 말하였다.

"최 변리사님 감사합니다. 이번 일을 통해서 시야도 넓어지고, 여러 가지에 대해 많이 배울 수 있었습니다."

"하하하, 그렇게 여겨주신다면 저 또한 기쁘죠. 제 주변의 사람들이 성장하도록 도와드리는 것이 저의 기쁨이거든요."

"왜 그렇게 다른 사람들을 도와주는 거에요?"

"박 대리님은 궁금한 게 참 많아서 좋아요. 공자와 공자의 제자들도 서로 질문을 하고, 대답을 하면서 서로의 지혜를 주고받았었지요. 그것을 글로 적은 것이 논어지요. 현재 우리 사회에서 세대 간 큰 장벽이 있는 것은 서로 자기의 할 말만 하고, 상대방의 입장은 배려하지 않기 때문이라고 생각합니다. 특히, 상대방의 처지를 고려하지 않고, 가르친다는 명목하에 하는 너무 많은 말은 오히려 장벽을 만든다고 생각해요. 젊을 때부터 저는 '어떻게 하면 우리 사회가 건강하게 서로를 배려하면서 발전할 수 있을까?'에 대해 많은 고민을 해왔어요."

"그래서 원하던 답은 찾으셨나요?"

"젊었을 때는 제가 할 수 있는 것은 별로 없었어요. 소외된 이웃들을 가끔 돕는 봉사활동을 꾸준히 하기는 했지만, 그것만으로는 한계가 있다고 생각을 했지요. 세상은 저 혼자만으로는 변화시키기 어렵거든요. 그래서 저는 제 주변의 지인과 고객들에게 도움을 드리면서, 같이 성장해 나가는 것이 중요하다고 생각했어요. 100명 중에 한두 명이라도 제 생각에 공감해주는 사람이 있다면 그 사람들이 세상을 긍정적으로 바꾸는 데 힘을 보태주지 않을까 하고 말이에요."

"만약에 단 한 명도 그런 생각에 동참해 주지 않는다고 해도 말인가요?"

"하하하, 그것은 어쩔 수 없지요. 저는 수많은 사람들의 배신을 보아왔어요. 인간이란 잘나갈 때는 서로 좋아요. 하지만 잘나가던 사람에게서 얻어먹을 콩고물이 사라지면 연락마저 되지 않는 경우가 많지요. 그래서 사실 많은 실망을 했었던 적이 많아요. 하지만! 인간은 희망과 가능성을 가진 존재에요. 예전에 제가 사업적으로 잘 안될 때 도움을 주신 분들이 있었어요. 그런 분들 덕분에 제가 아직까지 사업체를 유지해오고 있지요. 그리고 제가 어려울 때 저를 믿어주었던 직원들도 있고요. 세상사란 마음먹은 대로 되지는 않아요. 하지만 조그마한 일 하나에도 웃을 수 있는 마음을 갖게 되니 감사한 일이 많더라고요. 그래서 저는 제 주변의 사람들이 잘 되길 진심으로 바라고 그렇게 행동하고 있어요."

최 변리사의 진솔한 말에 박 대리는 깊은 감명을 받았다.

요즘 같은 세상에 진심으로 다른 사람을 위해서 사는 사람이 얼마나 있겠는가만은 최 변리사는 아직까지 청운의 꿈을 가진 청년이었다.

"하하하, 제 이야기가 길었네요. 이제 박 대리님의 이야기를 한번 들어볼까요?"

"네? 제 이야기요?"

"박 대리님의 인생 이야기나 꿈 같은 이야기요."

"저는 별거 없어요. 그저 남들처럼 학교 다니고, 졸업한 후에는 취업해서 일하다가 몇 년 전에 삼한기업으로 이직했어요."

"다른 사람들도 다 비슷한 인생을 살아왔어요. 그보다 박 대리님만이 가지고 있는 꿈은 없나요?"

"꿈이요? 참 오랜만에 들어보는 단어네요. 취업하고 나서 처음 듣는 질문인 것 같아요. 예전에 면접 볼 때에는 많은 사람들이 물어본 질문인데, 진실로 답했던 적은 없네요."

"박 대리님의 진심은 무엇인가요?"

박 대리는 맥주 한 잔을 숨도 쉬지 않고 원샷하고 나서 잠시 숨을 고르고 말을 시작했다.

"제 꿈은요. 저 혼자만 많은 돈을 버는 것이 아닌, 직원들과 많은 돈을 다 같이 나눌 수 있는 회사의 CEO가 되는 것이에요. 미국의 신용카드 결제회사인 '그래비티 페이먼트'의 댄 프라이스 CEO는 본인 연봉의 90%를 삭감하고, 직원들의 최저 연봉을 7만 달러(약 8,000만원)로 올린 경영자예요. 그 사람이 제 롤모델이에요."

박 대리의 말에 최 변리사가 흥미로운 표정으로 말했다.

"오호! 그것참 흥미로운 사람이네요. 인간이라면 보통 본인의 이익을 추구하는 것이 본능이라고 생각하거든요. 그렇게 해서 어떻게 되었어요? 회사는요? 뜻은 좋지만, 부작용이 만만치가 않았을 텐데요."

"맞아요. 처음에는 공동 창업주인 친형이 동생인 댄 프라이스를 고소했었어요, 또 업무의 난이도가 차이가 나는데, 모두 다 똑같이 높은 연봉을 받는 것은 불공평하다면서 회사를 떠나는 사람들도 있었지요. 거기에다가 거래처도 떨어져 나갔습니다. 인건비 때문에 수수료가 인상될 것이라고 예상한 거래처가 '동결'이란 약속을 믿지 않고 거래를 끊었지요."

"저런… 경영이 악화되었겠군요. 그래서 어떻게 되었나요?"

"어떻게 되었을 것 같아요? 하하하, 사람들이 망할 거라던 그 회사는 이직률이 1년이 지난 후에는 약 18.8%가 감소하고, 거기 다니는 직원들의 출산 소식은 5배나 늘었지요. 거기에다가 회사 매출이 떨어지기는커녕, 수익이 2배나 늘었지요. 직원들이 행복하게 일할 수 있게 되면서 회사의 매출이 크게 늘었어요. 결국 댄 프라이스의 결정이 옳았음을 보여주는 거지요."

"대단한데요? 보통 뜻이 좋아도 결과가 좋지 않으면 아무리 좋았던 의도라도 퇴색되어 버리는 경우가 다반사인데, 정말 잘 풀린 케이스군요. 아쉬운 것은 한국에서는 그런 타입의 경영자가 거의 없다는 것이지요."

"네, 최근 선진국에서는 최저 연봉을 인상함으로써 큰 이익을 보는 기업이 더 많아지고 있어요. 특히 '코스트코'가 대표적이에요!"

박 대리는 본인의 꿈 이야기를 하면서, 점차 상기된 얼굴로 변해갔다. 둘은 다시 맥주 한 모금으로 목을 축이면서 말을 이어나갔다.

"코스트코가 말인가요? 창고형 매장이잖아요. 저도 쇼핑하러 가본 적이 있어요. 정말 어마어마하던데요? 그런데 코스트코도 최저 연봉 인상을 통해서 더 큰 성장을 하고 있다는 것인가요?"

"네. 코스트코는 판매직 사원에게 미국 평균 시급보다 9달러나 높은 17달러(2016년 기준)를 지급했어요. 또 의료비 부담이 높은 미국에서 전 직원에게 의료보험을 지원해주는 정책을 펼치고 있고요. 코스트코의 경영철학은 '공평한 비즈니스'예요."

"공평한 비즈니스라… 참 부럽네요."

최 변리사가 씁쓸해하며 박 대리의 말을 받아주었다. 박 대리는 마저 말을 이어나갔다.

"공평한 비즈니스는 직원과 경영자, 고객 모두에게 좋은 결과를 가져다줄 수 있어요. 코스트코의 경우를 보세요. 1983년 1억 달러 매출로 시작한 코스트코는 2010년 763억 달러의 매출을 달성했어요. 연평균 약 27.8%씩 꾸준히 성장한 거예요. 그 결과, 처음 시작했을 때에 비해 무려 700배가 넘은 성장을 한 거지요. 제가 만약 회사를 설립해서 경영하게 된다면, 공평한 비즈니스를 하는 회사를 만들고 싶어요. 저 혼자만 돈을 많을 버는 것이 아닌 다 같이 부자가 되는 회사를 만들고 싶어요!"

박 대리는 오랜만에 마음속에 있던 말을 꺼내고 나자, 마음이 후련해졌다. 박 대리의 말을 듣고 난 후, 최 변리사가 맥주 두 잔을 더 시키고 나서 말을 이었다.

"저도 박 대리님이 꼭 그런 회사를 만들었으면 좋겠네요. 안 그래도 우리 사회는 점점 더 대기업과 소수의 권력자들에게 부가 집중되는 사회로 변하고 있지요. 저도 그 점에 대해서는 항상 고민하고 있지만, 마땅한 해답을 못 찾고 있어요. 하지만 박 대리님 같은 분들이 많아진다면, 어쩌면 세상이 조금 더 긍정적으로 변하리라 생각해요."

"하하하! 아직은 꿈인걸요. 하지만 조금씩 제 기술을 갈고 닦으면서, 언젠가는 이루고 싶어요."

“그 꿈 꼭 이루기를 빌면서 우리 건배 한번 하지요.”

“감사합니다. 저도 최 변리사님의 이상이 실현되기를 기원하겠습니다.”

둘은 맥주잔을 부딪치며, 꿈에 관해 이야기하던 학창시절의 젊은이처럼 눈이 반짝였다. 독일에서의 밤은 뜨거운 열정과 차가운 맥주가 서로를 감싸며 깊어 갔다.

두 사람은 다음 날 귀국 비행기를 타고 한국으로 돌아갔다.

돌아가는 비행기 안에서 박 대리와 최 변리사는 서로에 대한 인생 이야기와 회사 이야기를 하면서 서로의 생각을 주고받았다.

둘은 서로 다른 분야에서 각자 살아왔지만, 우리 사회를 긍정적으로 발전시킬 꿈들을 갖고 있었다. 둘이 가지고 있는 공통점으로 인해 둘의 우정은 짧은 시간이지만 깊은 속마음을 나눌 수 있는 사이로 발전했다.

삼한기업, 위기에서 벗어나다

독일에서 비행기를 타고 인천공항에 도착한 박 대리는 바로 회사로 복귀하였다. 최 변리사는 오랫동안 자리를 비운 터라 바로 본인의 사무실로 복귀하기로 하였다. 귀국하기 전, 빈첸과 협의한 내용을 유철인 팀장에게 메일로 보고하였지만, 그래도 일은 역시 만나서 함으로써 해결한다고 믿는 박 대리였다.

회의실에는 오랜만에 보는 이정도 사장과 유철인 팀장, 강민욱 과장, 박명철 주임이 모여서 차를 마시고 있었다. 회의실 문을 열고 박 대리가 들어가자 이정도 사장이 반갑게 박 대리를 맞아주었다.

"고생 많았네, 박 대리! 아직 여독이 안 풀렸을 텐데 중요한 일이라 이렇게 바로 오게 해서 미안하네."

"아닙니다! 사장님께서 이리 반갑게 맞아주시니 여독이 싸악 풀리는 걸요!"

박 대리는 며칠 전, 최 변리사로부터 전해 들은 이야기를 통해 이 사장이 직원들을 아끼는 마음에 감동한지라, 이정도 사장의 미소를 진심으로 받아들였다.

유 팀장이 이어 말하였다.

"하하하, 이거 질투가 나려 합니다."

"그러게요. 하지만 덕분에 분위기는 좋은데요?"

박 주임이 너스레를 떨며 유 팀장의 말에 화답하였다.

"자! 그럼 우리 회의를 시작하지."

이정도 사장의 말에 박 대리를 제외한 모두가 자리에 앉았다.

박 대리는 비행기를 타고 오면서 기내에서 작성한 프레젠테이션 파일을 화면에 띄웠다. 프레젠테이션 화면에는 독일 빈첸이 보유했던 특허에 대한 간략한 요약 자료가 보여졌다.

"이번 독일에 다녀온 성과에 대해서 말씀드리겠습니다. 그 전에 먼저 이번 일의 가장 큰 공은 최철한 변리사님께서 세우셨다는 것을 말씀드리고 싶습니다. 그분이 아니었다면 우리 삼한기업은 꼼짝없이 신웅기업의 특허 침해 소송으로 인해 막대한 피해를 입을 뻔하였습니다."

다들 조용히 박 대리의 말에 귀 기울였다. 박 대리는 계속 말을 이어나갔다.

"화면에 보이는 자료는 독일에 있는 빈첸이 보유한 혈액 분석장치에 관한 특허 자료입니다. 빈첸은 20년 전에 설립된 의료기기 회사로 혈액분석기에 대한 특허를 약 30건 정도 보유하고 있습니다. 이 중, 신웅기업이 얼마 전에 취득한 특허와 유사한 권리범위를 가지되, 신웅기업에서 출원한 날짜보다 먼저 출원되고 등록된 특허 중 유사도가 높은 특허 3건에 대해서 라이센스 계약을 체결하였습니다."

"라이센스 계약이라면 우리가 일정한 로열티를 지불하고, 그 특허에 대해서 사용할 수 있다는 것인가?"

유 팀장이 도중에 궁금했던 점에 대해서 질문하였다.

"네, 그렇습니다. 우리는 빈첸의 특허 3개에 대해서 향후 10년 동안 사용할 수 있는 권리를 얻었습니다. 그리고 한 가지 덤으로 신웅기업에 대한 반격을 할 수 있는 카드를 얻었습니다."

"그것이 정말인가? 무슨 뜻인지 알아듣게 설명해 보게!"

박 대리의 말이 끝나기 무섭게 이정도 사장이 빠른 속도로 물었다.

"빈첸이 취득한 특허가 신웅기업의 특허보다 빠르게 출원된 것은 조금 전에 말씀드렸습니다. 따라서 우리가 무효심판을 청구하여 이길 경우 신웅기업의 특허는 무효 처리될 수 있습니다. 아직 잘은 모르지만, 최 변리사님께서 무효심판을 청구해서 신웅기업의 특허를 무효화시킬 수 있다고 하셨습니다. 이렇게 되면 국내시장에서는 우리 회사의 제품만을 판매할 수 있게 되고, 신웅기업의 제품은 판매할 수 없게 됩니다."

박 대리의 결론에 모두들 잠시 멍해져 있다가 뒤늦게 박 대리의 말이 무엇을 의미하는지 알게 되었다.

"그럼 국내 시장에서는 우리 삼한기업 제품의 판매율이 큰 폭으로 상승할 수 있겠군요. 만약 신웅기업의 제품이 판매되는 것 중 절반 정도만 우리 삼한기업의 제품이 잠식한다면 전체 시장 점유율 중 우리 삼한기업의 점유율은 약 70%로 상승하게 됩니다."

강민욱 과장이 시장에 대한 예측을 내놓았다. 강민욱 과장의 말에 이어 이정도 사장이 한마디 하였다.

"다행이군. 우리 삼한기업은 이제 위기에서 벗어나게 되었군. 거기에다가 신웅기업에 타격을 입힐 수 있게 되었으니 이거야말로 신의 한 수군!"

"그렇습니다. 그럼 이제 내일 협상 자리에 나가서 신웅기업 대표와 즐거운 담화를 나눌 수 있겠습니다."

"하하하! 한용희 사장의 붉어진 얼굴을 상상하는 것만으로도 신이 나는군."

유철인 팀장의 말에 이정도 사장이 오랜만에 크게 웃었다. 다들 그 모습을 보면서 이정도 사장이 그동안 얼마나 마음고생을 했는지 어림잡아 짐작할 수 있었다.

한 가정의 가장으로 살아가는 것도 힘이 드는 세상인데, 회사에 속해 있는 임직원들의 밥벌이를 만들어 주는 사장의 위치는 얼마나 힘이 들지 박 대리는 아직은 체감할 수 없었지만, 새삼 이정도 사장이 존경스러워졌다.

〈보충자료: 특허는 지적재산권이다〉

지적재산권은 크게 지적창조물과 영업상의 표지로 나누어진다.

• 지적창조물

구분	관련 법
발명	특허법
고안	실용신안법
디자인	디자인 보호법, 부정경쟁방지법
영업비밀	부정경쟁방지 및 영업비밀보호에 관한 법률
반도체 회로	반도체 집적회로의 배치설계에 관한 법률
저작물	저작권법

• 영업상의 표지

구분	관련 법
상호	상법
상표·서비스표	상표법, 부정경쟁방지법

특히, 지적재산권은 산업재산권(Industrial Property Rights)과 신지식재산권(New Intellectual Property Rights)으로 나누기도 한다.

• 산업재산권의 종류

산업재산권	설명
특허권	기술적 사항의 창작(발명)
실용신안권	Life-cycle이 짧고 실용적인 개량기술(고안)
디자인권	심미감을 느낄 수 있는 물품의 형상, 모양(디자인)
상표권	타상품과 식별되는 상품의 기호, 문자, 도형(표장)

• 저작권의 종류

저작권	설명
저작인격권	저작물의 공표권, 성명표시권, 동일성유지권
저작재산권	저작물의 복제권, 공연권, 공중송신권, 전시권
저작인접권	실연자, 음반제작자, 방송사업자의 권리

• 신지식재산권

신지식재산권	설명
컴퓨터프로그램	저작권법 및 특허법으로 보호 가능
영업비밀	노하우, 영업방법, 고객리스트 등
반도체 배치설계	빈도체 직접회로의 라인과 소지의 배치설계

• 지식재산권의 발생과 보호 기간

구분	보호기간
발명	특허법: 등록일로부터 출원 후 20년
고안	실용신안법: 등록일로부터 출원 후 10년
디자인	디자인 보호법: 등록 후 15년
상표·서비스표	등록 후 10년 (갱신 가능)
저작물	저작권법: 자작자의 사후 70년까지 (기간 확인할 것)
상호	상법: 사용하는 동안

삼한기업의 반격!

다음 날, 삼한기업의 대회의실에는 신웅기업에서 온 한용희 사장, 마재석 팀장과 몇 명의 직원들이 약속한 시간에 맞춰 도착하였다. 기세등등하게 회의실 문을 열고 들어온 한용희 사장은 한눈에 봐도 골격이 장군감이었다. 그에 비해 이정도 사장은 선비와 같은 온순한 성격을 가진 사람이었다.

"다들 어서 오세요. 오시느라 고생이 많으셨습니다."

"하하하! 오랜만이요, 이 사장."

이정도 사장이 인사를 건네자 한용희 사장이 호탕하게 웃으며 말을 건넸다.

둘은 대학동기였지만, 성격이 전혀 달라 학창시절부터 라이벌 관계였다고 한다. 학과 수석을 놓고 둘이 번갈아가며 경쟁을 하였다고 하였는데, 그 관계가 20년이 흐른 지금도 이어지고 있다고 볼 수 있었다.

"자, 그럼 우리 이야기를 나누어 볼까요? 다들 자리에 앉으시지요."

이정도 사장의 여유 있는 태도에 신웅기업의 임직원들은 약간 당황한 모습을 보였다. 그들이 알기로는 지금의 상황은 삼한기업이 신웅기업으로부터 특허 침해 경고를 받고, 향후 소송까지 이어질 수 있는 것으로 알고 있는데, 이정도 사장의 저 여유 있는 자세가 이해되지 않았다. 한용희 사장과 마재석 팀장 역시 마찬가지였다.

한용희 사장은 속으로 생각했다.

'이 친구가 또 무슨 수를 준비했나 보군.'

하지만 겉으로 당황하지 않으며 대답하였다.

"그럽시다. 시간은 금이니까 말이오."

신웅기업의 임직원들과 삼한기업의 임직원들이 각각 자리에 앉았다. 한용희 사장이 마재석 팀장에게 눈짓하였다. 마재석 팀장은 천천히 말을 꺼내었다.

"우리가 이렇게 이 자리에 모이게 된 이유는 다들 아시리라 생각합니다. 그렇지만, 간단하게 다시 한 번 말씀드리고 협상을 진행하고자 하오니 양해해 주시길 바랍니다."

마재석 팀장은 겉으로는 공손한 어투를 사용하였지만, 눈빛만큼은 공격적이었다. 자리에 일어난 마재석 팀장의 눈에 유철인 팀장이 보였다.

'저 친구가 여기에서 일하고 있었군.'

마재석 팀장은 예전 회사의 동료이자 라이벌이었던 유철인을 보니 옛 생각이 잠시 났다. 하지만 마재석 팀장의 건너편에 앉은 유철인 팀장의 눈빛은 마치 호수처럼 고요할 뿐이었다.

"저희의 결론에 대해 간략히 말씀드리면, 삼한기업의 혈액분석기가 우리 신웅기업의 특허를 침해하였습니다. 우리가 취득한 특허의 청구범위에 기재된 구성요소들과 우리 회사 제품을 같이 참고삼아 비교해보니, 삼한기업의 혈액분석기의 구성요소들이 동일하더군요. 이에, 우리 신웅기업의 이익에 대해 삼한기업이 손해를 끼치고 있다고 판단하게 되어 특허 침해에 대한 경고를 지난번에 발송하였습니다. 이번 자리는 지난번 경고해드린 것에 대한 연장 선상으로 삼한기업의 이야기를 들어보고, 우리 신웅기업이 입은 피해에 대한 보상을 요청하기 위해 오게 되었습니다. 이제 삼한기업의 이야기를 들어보고 추후 저희가 취할 수 있는 행동에 대해 결정하고자 합니다."

마재석 팀장의 말은 침착했지만, 좌중은 마치 한 마리의 맹수가 발톱을 숨기고 사냥감을 노리는 듯한 느낌을 받았다.

마재석 팀장의 말이 끝나자, 이정도 사장은 유철인 팀장을 바라보며 말하였다.

"유 팀장님, 우리의 입장에 대해서 답변해 주시면 될 것 같습니다."

"예, 알겠습니다."

유철인 팀장은 이정도 사장의 말에 답하고 나서, 천천히 몸을 일으켰다. 그리고 한 숨을 고르고 나서 말을 이어나가기 시작했다. 이를 지켜보던 박 대리는 속으로 '파이팅'을 외쳤다.

"방금 들은 바와 같이, 신웅기업의 입장에 대해서 충분히 공감을 합니다. 덧붙여 무슨 뜻으로 특허 침해에 대한 경고를 하셨는지도 설명해 주셔서 감사합니다. 그럼 우리 삼한기업의 입장에 대해서 말씀드리겠습니다. 결론을 바로 말씀드리면, 우리 삼한기업은 신웅기업의 특허를 침해하지 않았다고 내부적으로 결론을 지었습니다. 따라서 우리는 신웅기업에 대해 보상금을 드리지 않을 것입니다."

유 팀장이 말이 끝나자마자, 한용희 사장이 흥분하여 큰 목소리로 되물었다.

"그게 무슨 소리요! 우리가 보낸 특허 침해 경고장과 우리 기업이 가진 특허권을 보고, 당 업계에 종사하는 전문가라면 누구나 우리가 가진 특허를 삼한기업이 침해했다는 것을 알 수 있을 텐데 그런 말을 하다니! 제대로 분석을 한 것이 맞소?"

역시나 한용희 사장은 덩치에 어울리게 큰 목소리로 상대방의 기를 죽이고자 하였다. 하지만 이에 굴하지 않고, 유철인 팀장은 한용희 사장의 말에 대답하였다.

"그것에 대한 답변은 지금 보여드리는 문서를 보시고 말씀해 주시면 좋겠습니다. 박 대리, 한용희 사장님께 우리가 준비한 것을 보여드리세요."

유 팀장의 말에 박 대리는 미리 준비했던 빈첸과의 라이센스 계약서와 빈첸이 먼저 취득한 특허에 대한 서류를 한용희 사장의 앞에 공손히 놓았다. 한용희 사장은 문서를 받자마자 바로 확인하였다. 서류를 확인하는 한용희 사장의 얼굴이 점차 붉어져 갔다.

그 서류를 다 보고 난 뒤, 한용희 사장은 마재석 팀장에게 힘없이 서류를 건네었고, 다시 마재석 팀장이 서류를 읽어나가기 시작했다.

그 모습을 지켜보던 삼한기업의 임직원들은 조용히 웃음을 머금기 시작했다. 반면, 신웅기업의 임직원들은 점점 얼굴이 경직되어 갔다.

마침내 서류를 다 확인한 마재석 팀장이 한용희 사장을 바라보자, 한용희 사장은 마재석 팀장에게 귓속말을 속삭이더니 좌중을 바라보며 말하였다.

"잠시 휴식 시간을 가졌으면 하는데, 괜찮겠습니까?"

거만했던 한용희 사장은 목소리를 낮추며, 이정도 사장을 바라보며 말하였다.

"얼마든지 쉬셔도 됩니다. 갈증이 나신다면 준비해 놓은 시원한 차가 있으니 드시면서 천천히 생각을 정리하시지요. 그럼 30분 휴식을 가진 후, 이 자리에서 다시 모이시지요."

"감사합니다. 그럼 잠시 후에 다시 보지요."

이정도 사장의 말에 한용희 사장이 답변한 후, 자리에서 일어섰고, 박명철 주임이 다른 회의실로 신웅기업의 임직원들을 안내하였다.

신웅기업의 임직원들이 모두 자리를 비우고 나자, 이정도 사장이 유철인 팀장과 특허 TF팀원들을 바라보면서 말하였다.

"저 친구 저렇게 말이 없는 것은 20년 만에 처음 보는군. 하하하. 우리도 잠시 쉬었다가 마무리를 잘 짓도록 하지."

"네, 그러시지요. 자네들도 좀 쉬고 오도록 하게."

유철인 팀장이 이정도 사장의 말에 화답하며, 다른 직원들에게 말하였다. 박 대리와 강민욱 과장, 박명철 주임은 다 같이 탕비실로 가서 아이스 커피를 타 마시며 담소를 나누었다.

담소를 나누던 셋은 약속한 시간이 가까워 오자, 다시 회의실로

갔다. 약속한 30분이 흐른 뒤, 신웅기업의 한용희 사장과 직원들이 들어왔다.

이정도 사장이 한용희 사장을 바라보며 말을 건네었다.

"차 맛은 어떠셨습니까?"

"하하하, 차 맛이 아주 쓰더군요. 좋은 차를 준비해 주셨는데, 제가 차 맛을 잘 몰라서 그랬나 봅니다."

"다음에는 다른 차를 준비하도록 하지요."

"아닙니다. 다음에는 저희가 더 좋은 차를 준비하도록 하지요."

"그럼 우리 하던 이야기를 마저 마무리 지을까요?"

"그럽시다."

협상의 마무리를 위해 간단히 정리할 사항들에 대해서 이정도 사장과 한용희 사장이 서로 이야기를 주고받은 후, 마재석 팀장이 자리에 일어섰다.

"보여주신 서류를 검토한 결과, 빈첸의 특허로 인해 삼한기업의 제품이 우리가 취득한 특허를 침해한 것이 아니라고 판단되었습니다. 하여, 저희가 발송한 특허 경고에 대해 삼한기업에서는 우리 신웅기업에 대해 보상을 하실 필요가 없다고 결론지었습니다. 죄송하게 되었습니다."

마재석 팀장은 공격할 때와 물러설 때를 아는 자였다. 머리를 숙이며 사과를 하는 마재석 팀장을 보며, 유철인 팀장은 속으로 '역시나 예전이나 지금이나 변함이 없군.'이란 생각을 하였다.

생각을 정리한 유철인 팀장이 마재석 팀장에게 말하였다.

"신웅기업의 사과를 받아들이겠습니다. 다만, 저희가 이번 일로 인해서 업무에 지장이 생긴 것에 대해서 보상을 요구하고자 하온데, 신웅기업의 생각은 어떠신지 듣고 싶습니다."

유철인 팀장의 말에 마재석 팀장이 당황하며 말을 하였다.

"삼한기업에서 무슨 피해를 입으셨다고 그러한 요청을 하시는지 들어보고 판단하지요."

"우선, 저희가 이번 일에 대응하고자 제품 개발 및 생산과 관련된 인력이 본업 대신 특허 침해 방어를 위해 준비를 하느라 시간을 많이 빼앗겼습니다. 둘째, 이번 특허 침해 경고에 대해 저희 기업이 방어를 하고자 해외출장 및 라이센스 계약에 따른 비용이 발생하였습니다. 물론, 이에 대해 전적으로 보상을 요구하는 것은 아닙니다만, 최소한 절반의 소요 비용에 대한 청구를 하고 싶습니다. 만약, 이것을 받아들이지 않으신다면…."

"받아들이지 않는다면 어떻게 하시겠다는 말씀이신가요?"

약간 상기된 한용희 사장의 물음에 이정도 사장이 대답하였다.

"저희가 계약을 맺은 빈첸을 통해 특허 침해 소송이 시작될 것입니다. 또한, 취득하신 신웅기업의 특허에 대해 무효심판을 청구할 것입니다. 그렇게 된다면, 신웅기업은 막대한 피해를 입게 될 것입니다. 다만, 저는 우리끼리 피를 흘리는 것을 보고 싶지는 않습니다. 저는 우리 삼한기업과 신웅기업이 같이 성장을 하여, 전체 시장의 파이를 크게 키워 나갔으면 합니다. 좋은 라이벌이 있어야 저희도 자만하지 않고, 더욱더 연구개발에 매진하지 않겠습니까?"

이정도 사장의 말에 좌중은 모두 할 말을 잃었다.

침묵이 이어지던 중, 한용희 사장이 말을 꺼내었다.

"흠… 우리의 공격에 기분이 나빴을 텐데, 오히려 모두를 생각해 주신 결정을 내려 주시다니 진심으로 반성하고, 감사합니다. 말씀하신 대로, 삼한기업에서 요구하시는 안을 모두 수용하겠습니다. 앞으로 잘 부탁드리겠습니다."

"하하하, 역시 한용희 사장님과는 말이 통하는군요."

두 사람은 마주 손을 잡고, 한참을 바라보았다.

"그럼 오늘은 이만 가고, 앞으로 여기 있는 마재석 팀장과 피해 보상에 대한 협의를 진행해 주기를 바랍니다. 마재석 팀장, 잘 마무리해 주게."

"네… 알겠습니다."

한용희 사장의 말에 마재석 팀장이 짧게 대답하였다.

"우리는 여기 있는 유철인 팀장을 통해서 협의를 진행하겠습니다. 유철인 팀장님, 앞으로 수고해 주세요."

"물론입니다. 앞으로 잘 부탁드리겠습니다."

이정도 사장의 말에 유철인 팀장이 대답하고, 마재석 팀장을 향해 인사하였다.

"하하하, 그럼 앞으로 우리 잘해 봅시다!"

"물론이지요! 함께 어울려 사는 것이 우리 모두가 잘 되는 길입니다."

한용희 사장이 호탕하게 웃으며 말을 건네자, 이정도 사장이 그에 화답하며 말하였다. 다른 사람들 모두 두 사람에게 박수를 보내었다. 이렇게 신웅기업의 특허 침해 공격은 삼한기업의 방어로 무사히 끝이 났다.

〈보충자료: 특허권의 침해와 대응〉

• 특허권 침해 시 대응 흐름도

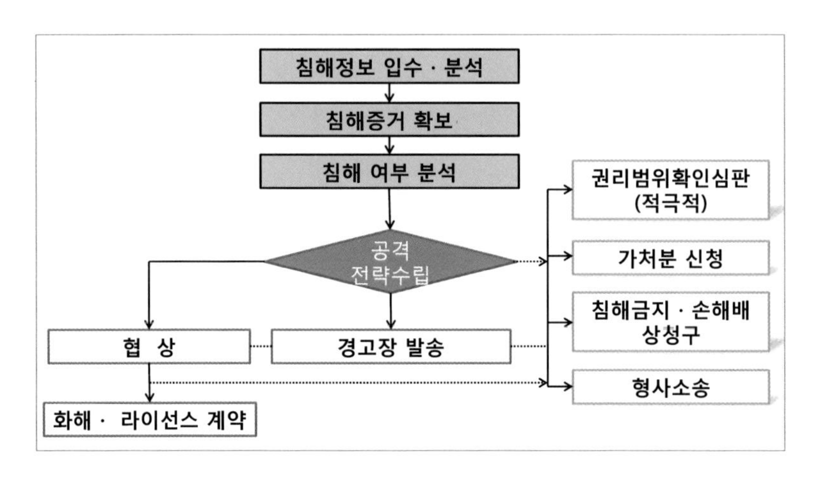

• 특허권 침해주장에 대한 대응 흐름도

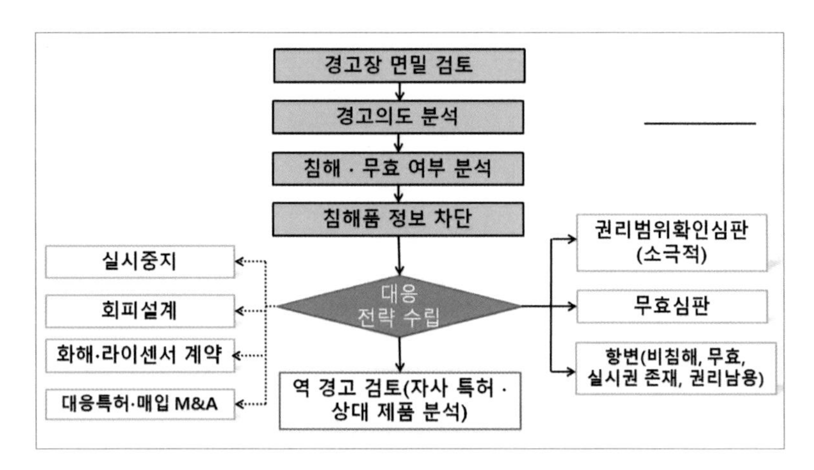

- **대응특허의 개념**

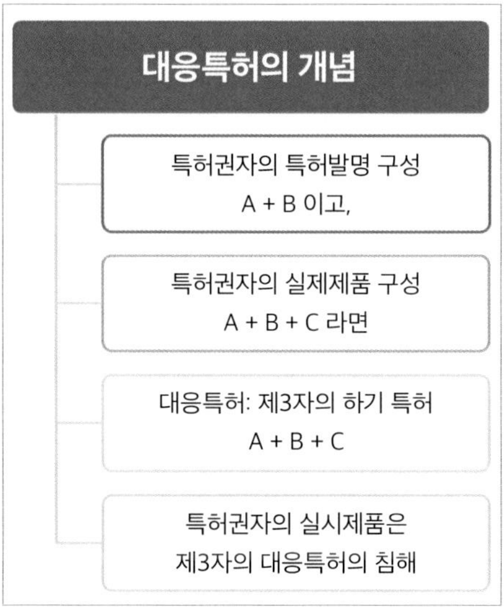

대응특허의 개념

특허권자의 특허발명 구성
A + B 이고,

특허권자의 실제제품 구성
A + B + C 라면

대응특허: 제3자의 하기 특허
A + B + C

특허권자의 실시제품은
제3자의 대응특허의 침해

3장

회사가 원하는 것

다음 날부터 삼한기업과 신웅기업의 미팅이 서로에게 좋은 결과를 가지도록 잘 마무리 짓는 협상이 시작되었다. 그리고 시간이 흐른 어느 날 삼한기업으로 최 변리사가 이정도 사장을 찾아왔다.

"최 변리사님, 그동안 수고 많으셨습니다. 덕분에 우리 기업이 위기에서 빠져나올 수 있었습니다. 또한, 라이벌인 신웅기업과 앞으로 공생할 수 있는 계기가 되었습니다. 이 모두가 최 변리사님 덕분입니다. 참으로 감사합니다."

"아닙니다. 모두가 힘을 하나로 모았기 때문에 이번 일이 잘 해결된 것입니다. 저야 당연히 해야 할 일을 했을 뿐입니다."

이정도 사장의 진심 어린 감사의 말에 최 변리사가 겸손히 대답하였다.

"저희 회사의 자문 변리사로서 수고해주신 점에 대해서 진심으로 감사드리며, 계약했던 기간 이후도 계속 저희 회사의 자문을 맡아 주시길 바랍니다."

"감사합니다. 소중한 친구가 하나 더 생겼군요."

이정도 사장의 요청에 최 변리사가 흔쾌히 수락하였다.

"그럼 본론으로 들어가서 여쭈어보고 싶은 것이 있습니다. 앞으로 특허와 관련해서 우리 삼한기업이 무엇을 하면 좋겠습니까?"

이정도 사장의 물음에 최 변리사가 잠시 생각을 정리한 후 대답하였다.

"그럼 자문변리사로서 말씀을 드리도록 하겠습니다. 앞으로 삼한기업이 해야 할 일은 특허를 출원하고, 이후 출원된 특허를 취득하는 것입니다."

"안 그래도 이번 특허 침해 경고를 받고 나서, 우리도 특허를 꼭 가져야겠다는 생각이 많이 들었습니다. 만일 우리 제품에 대한 특허를 가지고 있었다면, 일이 간단하게 끝났을 테니까요."

"그렇습니다. 때문에 삼한기업도 특허를 출원하고, 취득하는 것이 필요합니다. 다만, 이번 일을 겪으면서 현재 생산하고 있는 제품에 대해서는 특허 신청을 해도 등록이 될 확률이 현저히 낮기 때문에, 앞으로 연구개발을 통해 나올 신제품에 대해서 반드시 특허를 출원해야 합니다. 또한, 하나의 특허가 아닌 다양한 타입에 대한 특허를 동시다발적으로 진행하기를 권합니다."

"아니, 왜 그렇지요? 우리가 개발한 제품에 대해서만 받는 것이 좋지 않습니까? 특허를 많이 출원하게 되면, 비용적인 문제에서도 좀 부담이 될 것 같아서요."

"한 가지 특허만을 가지고 있다면, 그것을 타인이 회피설계해서 제품을 만들거나, 다른 타입의 특허를 등록시킬 수 있기 때문입니다. 물론, 하나의 특허를 출원할 때 최대한 넓은 권리범위를 가지도록 작성하는 것이 좋습니다만, 최근 특허 등록 심사 시, 매우 넓은 권리범위를 가지는 특허는 등록시키기 힘들어진 경향이 있습니다. 따라서 타인이 미래에 만들 제품에 대해 어느 정도까지 허용할 수 있는지에 대해서는 여러 경우를 고려해서 다양한 타입의 특허를 신청하는 것이 좋습니다.

이를 '특허 포트폴리오'라고 하는데, 한 가지 주력 특허를 내고, 그와 관련된 유사한 특허를 출원하여 가능한 기술에 관해 특허를 최대한 취득하는 것이 좋습니다. 특히 삼한기업같이 보유한 특허가 취약한 기업의 경우, 다른 기업들의 소송이나 특허 침해 경고에 방비하기 위함입니다. 또한, 특허 포트폴리오를 통해서 다양한 등록특허를 취득하게 되면 향후, 국가 사업을 신청할 때 가산점을 얻을 수 있습니다. 그리고 소비자들은 등록특허를 보고 더욱더 삼한기업의 제품에 대해 신뢰를 하게 될 것입니다."

최 변리사의 길고 긴 설명을 경청한 이정도 사장은 잠시 생각에 빠져들었다. 이윽고 생각을 정리한 이정도 사장이 말하였다.

"최 변리사님께서 말씀하신 대로 그렇게 진행하겠습니다. 앞으로도 많은 도움 부탁드립니다."

지금 이 순간, 이정도 사장은 유비가 제갈공명을 삼고초려하는 마음에 대해서 이해할 수 있었다. 귀중한 인재를 얻는다는 것은 매우 어려운 일이다. 특히, 현대사회에서 기업이 직원을 쉽게 해고시키고, 직원은 더 높은 연봉이나 근무조건을 제시하는 곳으로 이직하는 것이 다반사인 요즘 기업에서 핵심인재를 키우고, 계속 근무하게 하는 것은 매우 어려운 일이다. 비록 최 변리사가 삼한기업의 직원은 아니지만, 삼한기업의 인적자원으로서 관계를 맺게 된 것은 이정도 사장에게 매우 큰 수확이었다.

이정도 사장은 평소부터 직원을 육성하고, 충성스러운 직원을 계속 기업에 남게 하는 것에 대해 고민이 많았다. 창업 초기, 창립 멤버 5명 중 2명이 떠나갔었다. 그리고 회사가 조금씩 커가면서 채용한 인원들 중 현재 3년 이상 근속하고 있는 직원들은 약 60% 정도였다. 나름 경영과 철학에 대해서 계속 공부해 나가면서 직원들의 고충을 들어주고자 노력했고, 동종업계의 타 기업보다 조금이라도 더 많은 복리후생 조건을 만들고자 노력한 끝에 얻은 결과였다.

다른 의료기기 업종이나 제조업의 기업에 비하면 우수한 수치였다. 한국의 중소기업은 대부분 대기업이나 공기업에 비해 열악한 근무조건과 적은 연봉을 직원들에게 주는 실정이었다. 물론 회사가 살아야 직원들이 근무할 수 있었기에 어쩔 수 없는 상황도 있지만, 회사가 성장하고 많은 이익을 벌어들여도 직원들에게 돌아가는 혜택은 적었다. 그래서 이에 실망한 회사의 핵심인재들이 회사를 떠나면서 회사가 지속적으로 큰 성장을 이루기 어려운 면이 있었다.

이정도 사장은 이러한 악순환을 끊기 위해서, 본인이 가져가는 연봉을 직원들과 최대한 비슷한 수준으로 유지하여 본인이 가져갈 수 있는 열매를 회사의 직원들에게 인센티브로 주면서 직원들의 만족도를 높이고자 하였다. 돈도 중요하지만 마음 씀씀이가 더욱더 중요하다고 믿는 이정도 사장이기에, 직원들 한 사람 한 사람을 존중하고자 노력하였고, 그 진심을 직원들은 알아주었다. 설립한 지 10년밖에 되지 않은 삼한기업의 지속적인 성장은 이러한 노력 속에서 이루어진 것이었다.

최 변리사 또한 박 대리나 유 팀장을 통해서 이러한 삼한기업의 기업문화를 어느 정도 읽어내고, 또한 몇 번 대화를 나누면서 이정도 사장의 그릇을 파악했기에 흔쾌히 수락한 것이었다. 만약, 최 변리사가 회사에 방문할 때마다 불만에 가득 찬 직원들이 눈에 보였다면 결코 수락하지 않았을 것이었다. 최 변리사는 평소 기업을 방문하면서 회사의 화장실과 근무하는 직원들을 유심히 지켜보는 버릇이 있었다.

회사의 화장실이 더러운 회사는 경영의 어려움을 겪고 있거나, 얼마 못 가서 폐업을 하는 경우가 부지기수였다. 또한, 직원들이 불만에 가득 차 외부 손님이 방문했을 때 무뚝뚝하게 대하거나 외면하는 경우, 그 기업의 심각한 인력의 교체가 발생하여 회사가 겨우 사업체를 유지하는 수준에 머무는 경우가 많았다.

반면, 직원들이 웃으면서 근무하는 기업의 경우 재정의 일시적인 어려움이 있더라도 결국 그 위기를 극복하고, 더욱더 건실한 기업이나 사업체로 커가는 경우를 많이 보았기 때문이다.

최 변리사와 이정도 사장은 모두 내부직원을 최우선 고객으로 생각하는 경영철학이 일치하였고, 이러한 성향이 닮은 두 사람은 많은 말을 주고받지 않아도 마음이 통하게 된 것이었다.

누구나 한번쯤 들어봤을 말이다. '선비는 자기를 알아주는 사람을 위해 죽을 수도 있다.' 앞으로 미래사회에서 단순히 직원들을 부하로 여겨 함부로 대하거나 그 직원이 가지고 있는 잠재력을 이끌어내지 못하는 기업은 결코 성공하지 못할 것이다. 이정도 사장과 최 변리사는 함께 차 향기를 맡으며 오순도순 대화를 주고받았다.

산 정상을 넘으면, 시원한 계곡이 있다

삼한기업의 특허 TF팀의 팀원들이 모두 한자리에 모여서 기다리고 있었다. 잠시 후, 이정도 사장과 이야기를 마친 최 변리사가 문을 열고 들어왔다.

"오랜만입니다. 최 변리사님, 덕분에 우리 회사가 앞으로 혈액분석기 시장에서 우위를 차지할 수 있게 되었습니다."

"아닙니다. 전에 말씀드렸다시피 모두가 한뜻으로 이번 일에 집중한 덕분입니다."

유철인 팀장의 감사인사에 최 변리사가 언제나 그렇듯이 겸손히 대답하였다.

"조금 전 저희 사장님을 만나고 오신 것으로 알고 있습니다. 혹시 저희에게 또 무슨 재미있는 임무가 주어진 것인가요?"

박 대리가 넉살 좋게 웃으며 최 변리사에 물었다.

"하하하, 우리 박 대리님은 언제나 일에 대한 열정이 넘치시는군요.

좋습니다, 바로 본론으로 들어가겠습니다. 다름이 아니오라, 얼마 전 신웅기업에서 삼한기업에 특허 침해 경고를 하였고, 이에 대한 방비책을 마련하기 위해 저희는 동분서주하여 무사히 방어를 하게 된 것은 다들 아시리라 생각합니다. 그래서 앞으로 이러한 일이 벌어지지 않고, 기업의 경쟁력을 강화시키기 위해서 삼한기업만의 특허를 갖도록 하는 프로젝트를 시작하기로 이정도 사장님께서 요청하셨습니다."

하나의 산을 넘고 나니 또 다른 산이 기다리고 있었다. 전에는 타 기업의 특허 공격을 방비하는 것이 목표였다면, 이번에는 삼한기업의 기업 경쟁력 확보와 미래에 벌어질 위험요소를 제거하기 위한 것이 목표인 셈이었다.

유철인 팀장이 최 변리사에게 물었다.

"그렇다면 특허 TFT를 계속 유지해야 하는 것입니까? 최 변리사님도 아시다시피 저희 같은 중소기업에서는 인력 하나하나가 상당히 많은 일들을 하고 있습니다. 사실 이러한 상황에서 계속 특허 TFT에 인력들을 대거 투입하는 것은 많이 부담스러운 면이 있습니다."

"유 팀장님 말이 맞습니다. 사실 한국의 중소기업의 현실에서 특허 전담 부서를 운용하는 것이 부담되는 것이 사실입니다. 저도 유 팀장님의 말에 전적으로 공감합니다."

"그렇다면 앞으로 특허를 출원하는 일은 어떻게 전담해야 좋을런지요?"

"저번 특허 침해 공격에 대한 것은 회사의 존폐와도 관련된 일이었기에 각 부서에서 인원을 차출해서 운용했던 것이 바람직한 일이었다면, 앞으로 특허를 출원하는 일은 연구개발부서에서 개발하고, 생산하는 제품에 대해 잘 알고 있는 사람 1명과 계속 컨택하면서 진행하면 될 것 같습니다."

최 변리사와 유 팀장의 대화를 들으면서, 강민욱 과장과 박명철 주임의 표정이 점점 밝아졌다.

둘의 속마음은 '휴, 지금 하고 있는 일도 충분히 많은데, 특허 출원까지 앞으로 계속 분담하면서 하게 되면 업무량이 많을 게 뻔한데, 그 일에서 벗어나게 되어서 다행이네.'였다. 그래서, 앞으로 연구개발부서에서 특허 출원에 대한 업무를 진행한다고 했을 때, 강 과장과 박 주임은 특허 업무에서 부담을 덜 수 있게 되어 마음이 편해졌다.

사실, 한국의 중소기업에서는 부서가 나누어져 있더라고 할지라도, 다른 사람의 일까지 떠맡는 경우가 일상이고, 다반사였다. 그러므로 가급적이면 핵심인재의 유출을 막기 위해서는 그 인재가 좋아하는 일, 적성에 맞는 일을 주어 일에서 보람을 느끼게 하는 일이 바람직하다.

반면, 박 대리는 앞으로 특허 출원에 대한 일까지 맡게 될 것 같은 예감에 부담은 들었지만, 새로운 업무를 경험하게 될 생각에 조금은 들뜨는 기분이 들었다.

유철인 팀장이 최 변리사에게 말하였다.

"그렇다면, 앞으로 우리 박 대리와 업무를 계속하시는 것으로도 충분하시다는 말씀이신지요?"

"네, 그리고 만약에 필요한 자료나 요청드릴 것이 생기면 삼한기업의 다른 적임자와 추가적으로 협조하면 됩니다. 또한, 가장 중요한 것은 삼한기업의 주요 업무에 영향을 미치지 않되, 제품에 대해 잘 아는 사람이 특허 출원에 관한 것을 담당하는 것이 중요합니다. 덧붙이자면, 그 사람이 회사를 오래 다닐 사람이라는 것이 중요하고요."

최 변리사는 말을 끝내면서 박 대리를 쳐다보았다. 이어서 유 팀장이 박 대리를 바라보면서 말하였다.

"그렇다면 우리 박 대리만 한 적임자가 없군요. 앞으로 성장할 잠재력이 상당하다고 저는 생각하고 있거든요. 또한, 그 누구보다 일에 대한 열정이 충만한 친구지요. 박 대리, 새로운 일을 하게 되어서 부담이 될 수도 있겠지만, 자네가 앞으로도 최 변리사님과 코워크(Co-Work)하면서 우리 삼한기업을 위해 특허 출원에 대한 일을 맡아줄 수 있겠나?"

보통의 상사라면, 일방적인 지시로 부하직원에게 일을 내리지만, 그래서는 그 직원이 가진 능력을 100% 이끌어 낼 수가 없다. 이 때문에 유 팀장은 부하직원이라도 일을 지시하기 전에, 그 직원이 그 일을 잘해 낼 수 있는지 먼저 파악한 후, 공감을 이끌어 내고, 이후 질문을 통해서 그 직원의 의사를 묻는 방법을 택했다.

물론, 이러한 방법이 전적으로 옳은 것은 아니지만, 상대방을 먼저 존중해 주는 것이 그 사람의 신뢰를 얻는 첫 번째 단계라고 생각하는 유 팀장이기에 남들과는 다른 이러한 방법을 몸소 행하였다.

유 팀장의 마음을 읽은 박 대리는 그 마음을 받아들이기로 했다.

"제가 비록 부족하지만, 열심히 해보겠습니다."

"고맙네, 그럼 앞으로도 박 대리 자네만 믿겠네."

유 팀장은 박 대리의 어깨를 두드리며 말하였다.

"참, 그리고 자네들에게 전해줄 말이 있네."

"네? 어떤 말이신지요?"

유 팀장의 말에 강 과장이 질문하였다.

"저번에 특허 침해 경고 사태를 잘 넘기게 될 경우, 사장님께서 인센티브와 휴가를 주신다고 했던 것 기억하고 있지?"

"그럼요! 우리 사장님께서는 한번 하신 약속은 반드시 지키시는 분으로 유명하시잖아요. 당연히 기억하고 있었습니다."

유 팀장이 인센티브와 휴가 이야기를 하자, 박 주임이 기뻐하며 대답하였다.

"하하하, 자네들 그동안 고생 많았네. 그래서 특별히 일주일 휴가와 우리 모두에게 인센티브를 주셨네. 여기 사장님께서 모두에게 똑같이 주라고 봉투를 주셨네. 강민욱 과장, 박명철 주임, 박정환 대리 모두 수고했네! 다들 이거 하나씩 받아가게."

"감사합니다! 이거 와이프한테 오랜만에 꽃다발 좀 사가야겠군요."

애처가로 소문난 강 과장이 기뻐하며 봉투를 받았다.

"저는 부모님께 한우 좀 대접하려고요!"

효자로 소문난 박 주임은 마치 아이처럼 기뻐하며 말하였다.

"박 대리 자네는 뭐할 건가?"

"저는 책이나 좀 사서 읽으면서 쉬려고요."

강 과장의 물음에 박 대리는 살며시 웃으며 말하였다.

“다들 기뻐하는 것을 보니, 나도 기분이 좋군. 나도 이번 기회에 우리 가족들과 가까운 해외로 여행 좀 다녀오려고 하네. 자네들도 가족한테 잘하게. 가족들이야말로 삶의 가장 큰 힘이 되는 이유일세.”

유 팀장의 따뜻한 품성을 느낄 수 있는 말이었다. 이어서 유 팀장이 최 변리사에게 말하였다.

“감사합니다. 이 모두가 최 변리사님 덕분입니다.”

“뭘요. 저도 이번 일을 통해서 성공보수와 매출을 얻었으니, 우리 모두에게 윈윈(Win-Win)하는 일이었지요. 앞으로도 삼한기업과 좋은 관계를 이어나가는 것이 중요한 일이지요.”

“옳으신 말씀입니다. 친해질수록 서로 더 존중하고 배려하는 것이 필요하지요.”

“항상 좋으신 말씀 감사합니다. 그럼 휴가 다녀오신 후 뵙도록 하지요.”

“네, 그럼 최 변리사님도 건강하시고요. 다음에 더욱더 건강한 모습으로 보지요.”

푸르른 하늘에 햇살이 눈부신 하루였다. 지금 이 순간은 박 대리, 강 과장, 박 주임, 유 팀장, 최 변리사 모두들 행복한 순간이었다.

〈보충자료: 특허의 이해〉

1. 특허제도의 기원

1) Patent의 어원(語源)

14세기 영국에서 국왕이 특허권을 부여할 때, 다른 사람이 볼 수 있도록 개봉된 상태로 수여되었으므로 특허증서를 개봉된 문서, 즉 'Letters Patent'라 하였다. 이후, 'Open'이라는 뜻을 가진 'Patent'가 특허권이라는 뜻으로 사용되게 되었다.

2) 최초의 특허법

르네상스 이후, 북부 이탈리아 도시국가인 베니스에서 모직물공업 발전을 위해 법을 제정하여 제도적으로 발명을 보호 → 갈릴레오의 양수, 관개용 기계에 대한 특허(1594년)

3) 현대적 특허법의 모태

영국의 전매조례(Statute of Monopolies, 1624~1852): 선발명주의, 독점권(14년), 공익위배 대상 특허 불인정 → 산업혁명의 근원이 되는 방적기, 증기기관 등이 발명되었다.

2. 특허제도 개요

1) 특허제도의 목적

특허제도는 발명을 보호·장려함으로써 국가산업의 발전을 도모하기 위한 제도이며(특허법 제1조), 이를 달성하기 위하여 '기술공개의 대가로 특허권을 부여'하는 것을 구체적인 수단으로 사용한다.

○ 기술공개 → 기술축적, 공개기술 활용 → 산업발전

○ 독점권 부여 → 사업화 촉진, 발명의욕 고취 → 산업발전

2) 특허요건

특허권을 받기 위하여 출원발명이 갖추어야 할 요건: 출원발명은 산업에 이용할 수 있어야 하며(산업상 이용 가능성), 출원하기 전에 이미 알려진 기술(선행기술)이 아니어야 하고(신규성), 선행기술과 다른 것이라 하더라도 그 선행기술로부터 쉽게 생각해 낼 수 없는 것이어야 한다(진보성).

3) 특허권의 효력

특허권은 설정등록을 통해 효력이 발생하며, 존속기간은 출원일로부터 20년(실용신안권은 10년)이며, 권리를 획득한 국가 내에서만 효력 발생(속지주의)한다.

• 특허 출원 및 심사절차 흐름도

1. 방식심사	출원의 주체, 법령이 정한 방식상 요건 등 절차의 흠·결 유무를 점검

↓

2. 출원공개	특허 출원에 대하여 그 출원일로부터 1년 6개월이 경과한 때, 또는 출원인의 신청이 있는 때에는 기술 내용을 공개 공보에 게재하여 일반인에게 공개

↓

3. 실체심사	발명의 내용파악, 선행기술 조사 등을 통해 특허 여부를 판단

↓

4. 특허결정	심사결과 거절이유가 존재하지 않을 시에는 특허결정서를 출원인에게 통지

↓

5. 등록공고	특허결정되어 특허권이 설정 등록되면, 그 내용을 일반인에게 공개함

• **주요절차 설명**

○ 방식심사

서식의 필수사항 기재 여부, 기간의 준수 여부, 증명서 첨부 여부, 수수료 납부 여부 등 절차상의 흠결을 점검하는 심사 방식심사 흐름도

○ 심사청구

심사업무를 경감하기 위하여 모든 출원을 심사하는 대신, 출원인이 심사를

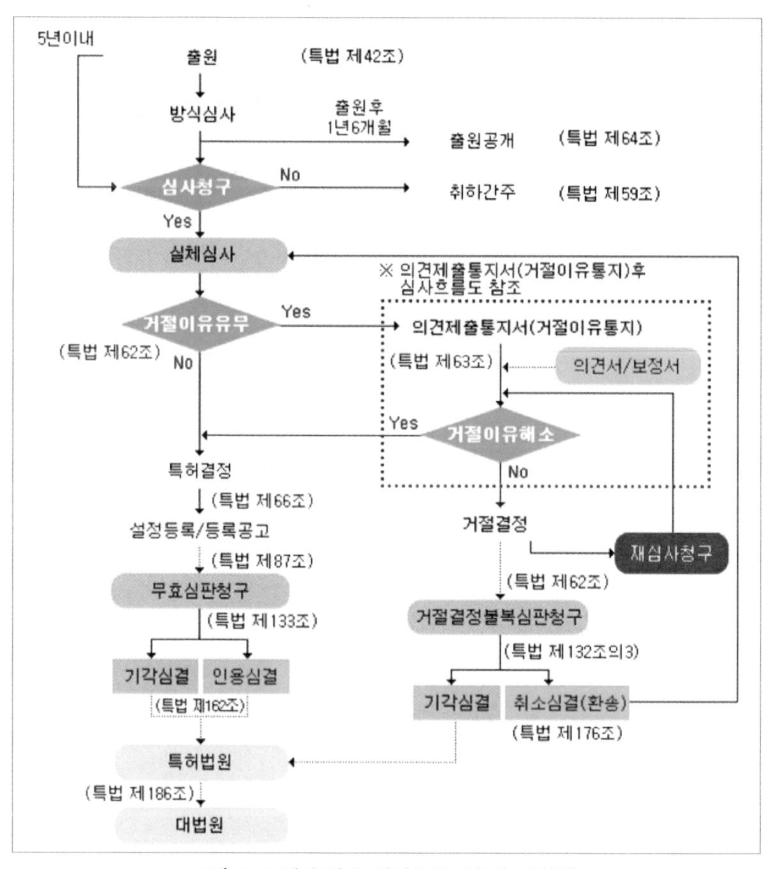

그림 9. 특허 출원 후 심사흐름도(출처: 특허청)

청구한 출원에 대해서만 심사하는 제도. 특허 출원에 대하여 출원 후 5년간 심사청구를 하지 않으면 출원이 없었던 것으로 간주(실용신안등록출원의 경우 심사청구기간은 3년)

* 방어출원: 특허권을 얻는 것이 목적이 아닌 타인의 권리 획득을 막기 위한 출원

○ 출원공개

출원공개제도는 출원 후, 1년 6개월이 경과하면 그 기술내용을 특허청이 공보의 형태로 일반인에게 공개하는 제도. 심사가 지연될 경우 출원기술의 공개가 늦어지는 것을 방지하기 위하여 도입

* 출원공개가 없다면, 그 출원기술은 설정등록 후 특허공보로서 공개됨. 출원공개 후, 제3자가 공개된 기술내용을 실시하는 경우 출원인은 그 발명이 출원된 발명임을 서면으로 경고할 수 있으며, 경고일로부터 특허권 설정등록일까지의 실시에 대한 보상금을 권리획득 후 청구할 수 있음(가보호권리)

* 1년 6개월의 근거: 우선권주장을 수반하는 외국출원과 국내출원의 균형 유지(우선기간 12월, 우선권증명서제출기간 4월, 공개준비 2월)

○ 실체심사

특허요건, 즉 산업상 이용가능성, 신규성 및 진보성을 판단하는 심사
이와 함께 공개의 대가로 특허를 부여하게 되므로, 일반인이 쉽게 실시할 수 있도록 기재하고 있는가를 동시에 심사(기재요건)

* 최초/최후 거절이유 통지와 보정각하

심사관은 심사에 착수하여 거절이유를 발견하면 최초거절이유를 통지하고 심사 착수후 보정서가 제출되어 다시 심사한 결과 보정에 의해 발생한 거절이유를 발견하면 최후거절이유를 통지

심사관은 최후거절이유를 통지한 후 보정에 보정각하 사유를 발견하면 결정으로 보정을 각하하고 이전 명세서로 심사

○ **특허결정**

해당 출원이 특허요건을 충족하는 경우, 심사관이 특허를 부여하는 처분

○ **설정등록과 등록공고**

특허결정이 되면 출원인은 등록료를 납부하여 특허권을 설정등록. 이때부터 권리가 발생됨
설정등록된 특허 출원 내용을 등록공고로 발행하여 일반인에게 공표함

○ **거절결정**

출원인이 제출한 의견서 및 보정서에 의하여도 거절이유가 해소되지 않은 경우 특허를 부여하지 않는 처분

○ **거절결정불복심판**

거절결정을 받은 자가 특허심판원에 거절결정이 잘못되었음을 주장하면서 그 거절결정의 취소를 요구하는 심판절차

○ **무효심판**

심사관 또는 이해관계인(다만, 특허권의 설정등록이 있는 날부터 등록공고일 후 3월 이내에는 누구든지)이 특허에 대하여 무효사유(특허요건, 기재불비, 모인출원 등)가 있음을 이유로 그 특허권을 무효시켜 줄 것을 요구하는 심판절차

* 무효심결이 확정되면 그 특허권은 처음부터 없었던 것으로 간주

햄버거 가게와 상표

다음 주부터 일주일간의 휴가를 얻게 된 박 대리는 휴가 때 한송이와 저녁에 만나서 휴가 때 무엇을 할지 상의하기로 하였다. 독일 출장 때 사온 병정 인형을 손수 포장하여 챙겨온 박 대리는 오랜만에 한송이를 볼 생각에 행복했다. 박 대리는 '사랑하는 사람과 함께 있는 것만으로도 이미 그대는 축복받은 것이다.'라는 어느 시인의 글귀가 떠올랐다.

박 대리는 한송이가 일하는 곳 근처 수제 햄버거 가게에 먼저 도착해서, 카카오톡으로 한송이에게 먹고 싶은 메뉴를 묻고, 미리 주문해 놓았다. 배가 고프면 예민해지는 성격인 것을 오랜 연애를 통해 잘 알고 있기에 배려하는 것이었다.

한송이가 일을 끝내고 도착해 자리에 앉자마자 주문한 수제 햄버거가 나왔다. 퇴근후 배가 고팠던 한송이는 수제 햄버거가 나오자마자 바로 한 입 베어 물었다.

“아, 맛있다. 오빠도 한 입 먹어 볼래?”

“괜찮으니까 천천히 먹어. 근데 여기 햄버거는 진짜 맛있는 것 같아.”

“응! 그래서 우리 종종 오잖아. 또 여기는 좋은 재료를 사용해서 그런지 맛이 더 좋아.”

“맞아. 그리고 여기는 주문하고부터 음식을 만들어서 더욱더 맛있게 햄버거를 먹을 수 있어서 좋은 것 같아. 다른 곳은 미리 만들어두고, 주문하면 데워서 주는 곳도 있잖아.”

“응! 특히 감자튀김은 바로 튀긴 것을 먹는 것이 맛있는데, 여긴 그런 점에서는 참 맘에 들어. 그리고 소스 맛도 특이하고. 매콤하면서도 느끼하지 않아서 좋아.”

“아이코, 역시 우리 미식가 한송이 선생님이시네요. 이혜정 선생님 저리 가라네요. 큭큭큭.”

박 대리의 장난 어린 말에 한송이 역시 눈을 크게 뜨며 말했다.

“알면 알아서 모시세요, 박집사님!”

“하하하, 역시 너스레는 우리 여친이 한수 위야.”

“그럼! 누구 여친인데! 참, 예전부터 느낀 것이 있는데 여기 햄버거집 상표 참 귀여운 것 같아.”

한송이는 이제 배고픔이 좀 가셨는지 다른 화제로 말을 돌렸다. 한편, 박 대리는 속으로 ‘평소에 머리를 많이 쓰는 직업을 가진 송이에게 뇌에 좋은 음식을 더욱더 많이 먹여야겠구나’라고 생각했었다.

박 대리는 한송이의 말에 햄버거 가게의 상표를 유심히 보았다. 햄버거 상표라기보다는 아이들이 좋아할 만한 캐릭터라고 해도 무방할 만큼, 귀여운 상표였다.

"그러네? 평소에는 아무 생각 없이 봤는데, 네가 말하니까 정말 그런 것 같네?"

"근데 나 예전부터 궁금한 것이 있는데, 여기 햄버거 가게 이름이 '또요버거'잖아. 그것을 만약 다른 가게에서 여기 허락 없이 쓰면 어떻게 해?"

"아, 만약에 여기 사장님이 '또요버거'에 대해 상표등록을 해 놓았다면, 다른 사람이 사용하는 것을 막을 수 있어. 하지만 상표등록을 하지 않았다면 다른 사람이 사용하더라도 그것을 막기 힘들지. 그것도 큰 문제인데, 만약에 여기 사장님이 '또요버거'에 대해 상표 등록을 하지 않고 계속 사용하는 경우, 나중에 다른 사람이 '또요버거'라는 상표에 대해 등록을 받게 되면 문제가 심각해지지. 본인이 먼저 사용했다는 것을 입증하지 못할 경우, 오히려 여기 사장님이 '또요버거'라는 가게 이름을 사용하지 못할 수도 있다고 알고 있어. 물론 확실한 것은 변호사나 변리사에게 상담을 받아야겠지만, 내가 알고 있는 것은 그 정도까지야."

"와! 우리 오빠 요새 지식재산권에 대해 공부를 잘하고 있나 보구나, 기특해."

한송이는 끊임없이 본인의 역량을 키우기 위해 노력하는 박 대리를 누구보다 잘 알기에, 아낌없는 신뢰와 사랑을 주었다.

"그러니까 만약에 송이 너도 나중에 좋은 아이디어나 상표, 디자인이 있다면 남들에게는 말하지 말고, 출원해서 등록하는 것이 좋을 거야. 나 역시도 그럴 거고."

"나도 그러고 싶은데, 그러기에는 돈이 너무 많이 들지 않아? 특히, 변리사 사무실이나 특허법인을 통해서 일을 진행하게 되면, 출원비만 해도 거의 100만 원이 넘고, 등록성사금만 해도 출원비랑 비슷하게 드는 것으로 알고 있는데? 그 정도 돈이면, 한 달치 월급을 거의 다 투자해야 하는 것이라서 좀 부담스러울 것 같아."

"나도 처음에는 그렇게 생각했었거든. 근데 요새는 개인이 직접 출원하는 사람들이 늘어나고 있어. 물론, 법리적 관점에서는 조금 퀄리티가 낮을 수도 있지만, 본인이 원한 수준의 특허라면 일반적인 사람들도 충분히 쓸 수 있다고 생각이 바뀌었어. 다만, 그러기 위해서는 일정 기간 동안 작성해보는 훈련이 필요하다고 생각해."

콜라를 한 모금 넘기고 나서 박 대리는 자연스럽게 앞으로 특허 출원의 일에 대해 담당하게 된 것에 대해 한송이에게 말하였고, 한송이는 박 대리의 말을 조용히 귀담아들었다.

박 대리는 아직 특허에 대해 잘은 모르지만, 이번 특허 출원을 진행하면서 특허 작성에 대한 스킬을 익힐 수 있을 것이라고 생각했다. 그렇기 때문에 당분간은 일이 많겠지만, 미래의 중요한 산업인 지식재산 분야에서의 경쟁력을 가지기 위해서 좋은 기회라고 생각했던 것이었다.

한송이는 가끔씩 실수할 때도 있지만, 이렇게 미래를 위해 준비하는 박 대리를 보면서 든든한 마음이 들었다.

"오빠, 나중에 우리가 잘 되면 다른 사람들을 도울 수 있는 사람이 되었으면 좋겠어."

"응, 나도 그러기 위해서 노력하는 거야. 우리만 잘살면 무슨 보람이 있어. 물론, 먼저 우리가 잘살아야 남을 도울 수 있는 능력을 가질 수 있지만, 내가 지금 조금 어렵더라도 다른 사람을 도울 시간이나 조그마한 돈은 기부하면서 선한 마음을 키워 나갈 거야. 그러기 위해서는 내 소중한 사람인 너의 동의도 필요해."

"오빠, 나 역시 마찬가지야. 우린 앞으로 잘될 거야. 걱정하지 마."

"고마워. 우리 앞으로 잘살자. 그리고 내년에는 같이 살자."

"응, 우리 꼭 같이 살자."

박 대리의 진심이 담긴 말에 한송이는 수줍게 고개를 끄덕이며 답하였다. 비록 멋진 레스토랑에서 비싼 코스요리가 아닌, 햄버거 가게에서 나누는 대화였지만, 둘의 마음은 그 어떤 보석보다도 빛났다.

〈보충자료: 상표의 유사판단 요소〉

상표의 유사 여부는 상표의 외관, 칭호, 관념의 세 가지 요소에 의하여 판단한다. 원칙적으로 세 가지 요소 중 어느 하나가 유사하면 상품의 출처가 혼동될 염려가 있으므로 유사상표로 판단한다.

1. 외관유사

1) 대비되는 상표의 구성이 근사하기 때문에 상품의 출처의 오인 혼동을 일으키는 시각적 요인의 유사이다.
2) 색채가 다른 구성요소와 결합한 경우에는 상표의 외관유사를 판단하는 중요한 요소가 될 수 있다.
   ex) Htio와 Hite

2. 칭호유사

1) 상표를 호칭하는 발음이 근사하여 상품의 출처의 오인 혼동을 일으키게 하는 청각적 유사이다.
2) 광고선전 매체의 광범위한 보급에 따라 문자상표의 유사 여부는 칭호가 가장 중요한 요소이며, 특히 조어상표의 경우에는 관념에 의한 판단이 거의 고려되지 않으므로 칭호에 의하여 수요자에게 인식될 가능성이 크다.
3) 상표의 칭호는 대개 상표의 요부로부터 나오는 것을 원칙으로 하며, 각 구성 부분을 분리하여 관찰하는 것이 부자연스럽지 않은 경우에 하나의 상표에서 두 개 이상의 칭호를 생각할 수 있다. 그중 하나의 칭호가 다른 상표의 칭호와 유사하면 두 상표는 유사하다고 해석된다.
   ex) 'YAP'과 'yepp'

3. 관념유사

1) 대비되는 상표가 가지는 의미, 관념, 사상이 서로 비슷하기 때문에 상품 출처의 오인 혼동을 일으키게 하는 지각적 요인의 유사이다.

2) 양 상표의 의미가 언어학적으로 동일한 것이 아니고 하나의 상표에서 다른 상표를 직감할 수 있는 정도를 의미한다. 상표의 의미 내용은 일반 수요자가 상표를 보고 직관적으로 깨달을 수 있는 것이야 하며, 심사숙고하거나 사전을 찾아보고 뜻을 알 수 있는 것은 고려대상이 되지 않는다.

ex)  [도형] 와 '천마'

4장

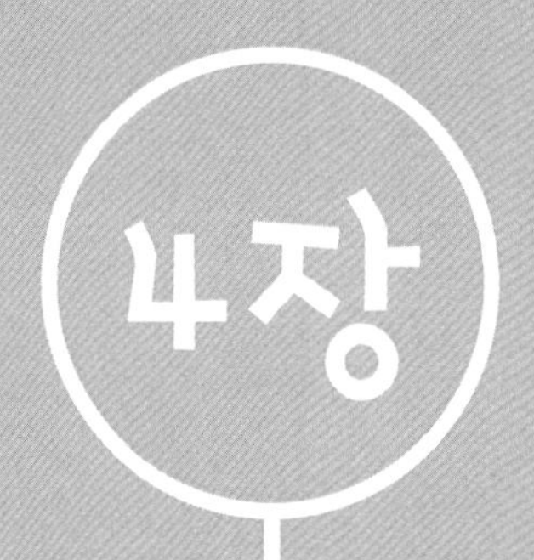

박 대리, 특허를 이해하다

휴가를 다녀온 박 대리는 업무에 복귀하자마자, 그동안 개발하던 제품의 진행 상황에 대해 파악하고, 연구를 이어나갔다. 그리고 틈틈이 동종업계의 특허에 대해 검색하면서, 비슷한 특허에 대해서는 자세한 검토를 하고 미래의 핵심특허에 대해 고민하였다.

박 대리는 연구개발팀 오기원 부장을 비롯한 팀원들과 잦은 아이디어 회의를 하면서 새로운 의료기기 제품의 개발에 대해 열정을 불태웠다.

하지만 1년이 지나가도 혁신적인 제품을 내놓지는 못하고 있었다. 물론, 기존에 나온 혈액분석기의 단점을 보완시키는 제품을 개발하기는 했지만, 세상을 바꿀만한 혁신적인 제품이라고 보기는 어려웠다.

그런 나날들이 이어지던 중, 오기원 부장의 추천으로 미국에서 박사 학위를 끝낸 인재를 이정도 사장이 미국까지 매달 한 번씩 찾아가 드디어 8번 만에 모셔오기로 결정되었다.

그 인재는 크리스퍼 유전자 가위에 대한 연구로 박사학위를 받은 인물로 알려졌다. 크리스퍼 유전자 가위는 원하는 부위의 유전자를 절단하고 편집하여 난치병을 고치거나 유전자 조작식품을 만들 수 있는 기술로 최근 전 세계 과학자들의 많은 관심을 받고 있는 분야였다. 또한, 이 기술은 생물학뿐 아니라 다양한 분야에서도 응용할 수 있어, 크리스퍼 유전자 가위의 편집 방법에 대한 연구 인력에 대한 기업의 수요는 갈수록 많아졌다.

회사에서는 이 인재에 대한 소문이 나면서 기대 반, 걱정 반인 분위기였다. 회사의 새로운 연구개발을 이끌 수 있으리라는 기대감과 혹시나 거만하지는 않을까 하는 우려감이 혼합된 분위기였다.

며칠 후, 공들여 스카우트한 황 박사가 오는 날이었다. 연구개발 2팀장으로 전격 영입된 황 박사는 삼한기업의 새로운 활력을 주리라 기대가 많았다. 그리고 박 대리는 새롭게 만들어지는 연구개발 2팀으로 발령받게 되어 신임 부서장을 맞기 위해 며칠 전에 책상과 자리를 준비하였다.

이정도 사장과 유철인 팀장, 박 대리, 그리고 연구개발 2팀으로 박 대리와 같이 발령받은 서희철 주임과 김진희 사원이 회의실에 모여 황 박사를 맞을 준비를 하였다.

마침내, 황 박사가 회사에 도착하여, 회의실 안으로 들어섰다.

"안녕하세요. 황서우입니다."

황 박사는 정중한 말투로 좌중에게 인사를 건넸다.

"어서 오세요, 황 박사님. 먼 길 오시느라 고생하셨습니다. 여러분,

오늘부터 우리와 함께 일하게 된 황서우 박사님이십니다. 앞으로 연구개발 2팀을 맡아서 새로운 주력 제품을 개발하는 업무를 수행하실 것입니다. 여러분들께서 앞으로 황 팀장님을 많이 도와주시길 바랍니다."

"참으로 어려운 결정 내려주셔서 감사합니다. 저는 경영팀의 유철인 팀장이라고 합니다."

이정도 사장과 유철인 팀장이 반갑게 황서우 박사를 맞아주었다.

"부족한 저에게 많은 관심을 가져주셔서 감사했습니다. 앞으로 삼한기업을 위해 저의 열정을 바치고자 하오니, 많은 도움 부탁드립니다."

황서우 박사는 사근사근한 말투지만, 특유의 힘이 담긴 목소리로 말하였다. 그런 황 박사를 보면서 박 대리는 순간 학사모를 쓴 선비를 떠올렸다.

"안녕하세요, 박정환 대리입니다. 앞으로 황 팀장님을 잘 보필하겠습니다. 많은 지도 부탁드립니다."

"안녕하세요, 서희철 주임입니다. 최선을 다하겠습니다."

"안녕하세요, 김진희 사원입니다. 삼한기업에 오신 것을 진심으로 축하드려요."

"다들 반가워요. 앞으로 여러분들의 서포트가 잘 뒷받침되어야 우리 팀이 좋은 성과를 낼 수 있을 것입니다. 우리 함께 잘해 보아요."

벼는 익을수록 고개를 숙인다고 하더니, 황서우 박사는 정말 겸손한 사람인 듯했다. 서로 인사를 마치고 난 후, 연구개발 2팀을 위한 새로운 공간으로 다들 이동하였다.

연구개발 2팀원들이 모두 모인 뒤, 황서우 팀장은 팀원들에게 업무와 관련한 첫 회의를 시작하였다.

"모두들 반갑습니다. 그럼 첫 회의를 시작하지요. 첫 회의의 안건은 새로운 의료기기를 개발하는 것입니다. 앞으로는 삼한기업의 기존 주력 제품인 혈액분석기만으로는 회사의 성장을 이룰 수가 없다는 경영팀의 분석보고서를 받았습니다. 이에 대한 자료를 드리니, 한번씩 보시고, 미래에 우리 삼한기업이 어떤 제품을 시장에 내놓아야 할지에 대해서 계획을 수립한 다음, 개발에 들어갈 것입니다. 저는 앞으로 우리 팀이 자유로운 토론을 주고받으면서 기존의 사고방식을 깨고 혁신적인 제품을 개발하도록 노력할 것입니다."

새로 부임한 황 팀장은 그동안 익숙했던 상사들과는 다른 타입이었다. 박정환 대리와 서희철 주임, 김진희 사원은 처음에는 어색한 토론을 주고받았지만, 날이 갈수록 엉뚱하면서도 재미있는 아이디어를 마구마구 주고받으면서 생각의 틀을 깨기 시작했다.

황 팀장은 고압적인 방식이 아닌 비판 없이 자유로운 사고를 주고받도록 팀원들을 이끌었다. 이에 따라 기존의 사고방식으로 만드는 제품이 아닌 새로운 사고방식을 점차 가져가면서 제품 개발이 진행되었다. 황 팀장은 그러한 과정이 쌓여 좋은 결과를 만들어 낼 수 있으리라고 생각하였다. 그러한 나날들이 흐르면서 새로운 제품의 윤곽이 점차 드러나기 시작했다.

황 팀장이 부임하고 일 년 정도 흐른 후, 새로운 제품을 이정도 사장에게 보고하는 날이 다가왔다. 물론, 아직 특허를 출원하지 않았기에 연구개발 2팀원들과 이정도 사장 이외에는 새로운 제품에 대한 것은 비공개로 진행되었다.

이정도 사장은 새로운 제품을 보고받은 후, 그동안 시장에 나와 있던 제품들보다 우수하다는 확신이 들었다. 그래서 새로 출시할 제품의 이름을 'Next X-1'으로 가칭하고, 바로 특허를 진행할 것으로 박 대리에게 지시하였다.

박 대리는 일주일에 거쳐 특허명세서 초안을 작성하여, 황 팀장에게 보고를 거친 뒤, 황 팀장의 조언에 의한 수정작업을 한 파일을 최 변리사에게 보냈다.

파일을 메일로 보내고 난 뒤, 최 변리사에게 오랜만에 전화를 걸었다.

"안녕하세요, 저 박 대리입니다. 드디어 첫 번째 특허 출원을 의뢰드리고자 전화를 드렸습니다."

"고생하셨습니다. 그동안 연구개발에 매진하셨던 결과를 이제야 세상에 내놓으실 수 있겠군요."

"네. 다음 달 미국에서 전시회가 있는데, 그때 공개할 생각입니다. 그 전까지 국내 특허 출원을 완료하고, PCT 출원까지 완료하고 싶습니다."

"알겠습니다. 그럼 그 일정에 맞춰서 작업을 진행해드리겠습니다."

"최 변리사님만 믿겠습니다. 근데 한 가지 걱정되는 점이 있는데요. 작성된 특허명세서 초안이 매끄럽지는 못한 것 같은데, 전체적으로 매끄럽게 잘 작업해 주시면 좋겠습니다."

"물론이지요. 그것이 제가 해야 할 일 아니겠습니까? 이번주까지 작업을 완료해서 출원할 테니 걱정하지 마세요."

"감사합니다. 그럼 최종본이 나오면 연락 주세요. 기다릴게요."

"네, 그렇게 하겠습니다. 그럼 작업이 끝나면 바로 연락드릴게요."

최 변리사와 통화를 끝낸 박 대리는 황 팀장에게 보고를 완료하였다.

그로부터 며칠이 지난 후, 최 변리사로부터 완성된 특허명세서 최종본이 도착하였고, 황 팀장과 이정도 사장의 결재를 거쳐 특허 출원을 완료하였다. 이제 출원된 특허의 결과만을 기다리는 일이 남았다. 물론, 신제품의 출시와 함께 시장의 반응을 지켜보고, 제품을 보완하면서 연관된 특허를 출원하는 일도 계속될 것이었다.

하지만 첫 번째 특허 출원을 마친 박 대리는 모처럼 달콤한 잠을 이룰 수 있었다. 꿈속에서 박 대리는 어렸을 적 소풍을 가서 먹었던 솜사탕을 먹는 꿈을 꾸었다. 기분 좋은 꿈을 꾸는 박 대리는 미소를 띠고 있었다.

〈보충자료: 명세서의 청구항 타입〉

1 콤비네이션(Combination)

4 마쿠쉬 청구(Markush Claim)

2 젭슨(Jepson Claim)

5 개조(改造)

3 Product By Process(PBP)

6 기능식 청구항 (Means plus Function Claim)

1. 콤비네이션(Combination)

가장 보편적으로 사용되는 형식으로서, 발명의 특징요소와 공지요소를 구분하지 아니하고 **병렬적 대등적**으로 나열한 형식을 말한다. (미국, 일본, 영국)

(예1) 내면에 형광막이 도포된 **패널**(a);

상기 패널과 결합되어 실링되는 **퍼넬**(b);

상기 퍼넬에 설치되어 상기 형광막으로 전자를 방출하는 **전자총**(c); 및

화상보정신호에 따라서 상기 전자의 진행경로를 조정하는 **보정수단**(d)을 포함하는 음극선관.

a+b+c+d로 이루어진 물건

여기에서, 패널, 퍼넬 및 전자총은 공지요소이고 이것을 보정하는 보정수단만이 새롭게 **개량된** 것이라 **가정**한다. 그러나 콤비네이션 타입에서는 이들의 상호 구별 없이 **대등적**으로 나열되어 작성된다. 일반적으로 수개의 구성요소를 모두 신규하게 개발한 경우에 컴비네이션 청구항을 사용한다. 수개 또는 수십 개의 구성요소 중 1개만을 개량한 경우에 콤비네이션 타입으로 작성하는 경우 발명의 상세한 설명에서 종래 기술이 차지하는 비중이 지나치게 많아지며, 발명된 부분에 대한 설명이 크게 부족해진다. 특허청구범위가 종래 기술에 대한 특허청구범위인지 구분하기 힘들어질 수 있다.

* 장점: 등록 후 제3자가 발명의 요지를 파악하기 용이하지 않음
* 단점: 요지파악 및 심사가 용이하지 않음

2. 젭슨(Jepson Claim)

젭슨 타입 청구항은 미국의 젭슨이 자신의 특허발명을 공지의 기술과 구별되도록 하기 위해서 작성한 청구항에서 비롯되었다. (Ex. Parte Jepson,243 Off. Gaz.Pat.Off.525. (Ass't Comm'r 1917)) 미국 특허상표청은 당초에 이를 거절하였으나 항고심에서 등록된 이후 지금까지 여러 가지 형식으로 변형되어 사용되어 왔다. (유럽, 독일, 중국, 대만, 일본)

젭슨 청구항의 핵심은 **공지요소에 해당하는 전제부**와 **발명의 핵심 부분에 해당하는 특징부**를 구분하여 기재하는 데 있다. 즉, 개량 발명에 있어서 이미 공지된 기술을 청구항의 전제부에 기재하고 그 공지된 기술에 대하여 그 발명이 특징으로 하는 개량 부분을 특징부에 명확하게 지적하는 형식으로 기재하는 청구항이다.

종래의 기술을 기초로 하여 개량 진보함으로써 이루어진다.

전제부란 발명의 기본적인 골격을 보여주는 부분으로, 해당 발명의 카테고리를 설명해주고 발명이 속하는 기술의 분야를 한정하는 역할을 한다.

발명의 카테고리는 크게 장치 / 구조 / 물질 / 조성물 / 방법(제조 방법 또는 작동 방법)으로 나눌 수 있다.

특징부란 발명의 구성을 기재한 부분으로서, 발명의 가장 핵심적인 구성 요소들을 각각 기재하고, 이들 각각의 구성 요소가 어느 부분에 어떻게 연결

되며, 이들 구성 요소 상호 간 어떻게 연결되어 어떻게 작동하는지에 대하여 간단명료하게 기재한다.

3. Product By Process(PBP)

어떤 물건이나 물질이 구조적 특성보다는 제조되는 방법에 의하여 한정되는 청구항

⇒ X단계와 Y단계를 거쳐 제조되는 화합물 Z

화학관계의 발명에 있어서 물질(Product)과 제법(Process)이 모두 신규한 경우에 사용되는 형식

물질은 신규화하여 특허될 수 있으나, 그 물질의 구조적 특성을 규명하지 못하여 그것을 제조하는 제법을 특정하지 않으면 그 물질도 한정할 수 없는 경우에 활용 가능한 형식

Product By Process(PBP) 청구항의 예
[청구항 1]
판넬을 제조하는 방법으로서, 상기 판넬의 중심층은 염화비닐계 수지, 스티렌 수지, 아크릴로 니트릴 수지 및 이들의 혼합물로 이루어진 군으로부터 선택된 주베이스 수지에 목분, 셀룰로오스 및 이들의 혼합물로 이루어진 군으로부터 선택된 천연물 및 발포제를 첨가한 발포 조성물을 이용하여 발포시킨 발포층을 형성하고, 상기 판넬의 외부층은 염화비닐계 수지, 스티렌 수지, 아크릴로 니트릴 수지 및 이들의 혼합물로 이루어진 군으로부터 선택된 주베이스 수지에 셀룰로오스를 첨가한 합금 조성물로 비발포층을 형성하는데, 여기서 발포층 및 비팔포층은 공압출(co-extrusion)을 이용하여 형성되는 것을 특징으로 하는 판넬의 제조방법.

4. 마쿠쉬 청구(Markush Claim)

'A, B, C 또는 D' 혹은 'A, B, C 및 D로 구성된 군에서 선택한…'의 형태로 표현되는 청구항이다. 발명의 보호범위를 모호하게 만드는 선택적 특허청구범위는 인정되지 않는다. 발명이 2 이상의 병렬적 개념이고, 이들을 총괄하는 발명의 개념이 없을 경우 이용된다.

마쿠쉬 청구항의 예
[청구항 1] 하기 구조식의 화합물
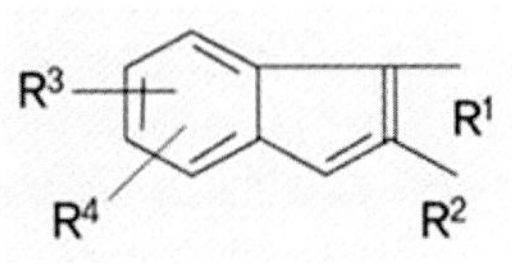 여기에서 R1은 페닐, 피리딜, 티아졸릴, 트리아지닐, 알킬티오, 알콕시 및 메틸로 이루어진 군 중에서 선택되고, R2 내지 R4는 메틸, 벤질 또는 비닐이다. 이 화합물들은 혈액의 산소 흡수능력을 증대시키기 위한 약제로서 유용한다.

5. 개조(改造)

개조식 청구항

: 청구항의 구조를 바꾸어 발명의 명칭을 발명의 구성요소보다 먼저 기재한 청구항

- 발명의 이해에 도움이 되는 경우

개조식 청구항의 예
[청구항 1]
다음의 각 공정으로 이루어지는 금속재료 가공방법 (가) 금속재료를 800~900℃에서 가열하는 제1단계 (나) 가열된 재료를 단조하는 제2단계 (다) 단조된 재료를 700℃로 재가열하는 제3단계 (라) 재가열된 재료를 소입 처리하는 제4단계

6. 기능식 청구항(Means plus Function Claim)

발명의 구성요소로서 구조를 명확하게 구체화하는 것이 불필요하거나 구조에 대한 적합한 일반 명칭이 존재하지 않는 경우에 '…하는 수단'과 같이 기능을 중점적으로 기재하는 청구항

기능식 청구항의 예
[청구항 1]
기판의 일측 이미지와 기판의 타측 거울이미지를 포함하는 프레임; 측면 이미지의 표현 제어신호를 생성하는 수단; 측면기판의 타측에 위치하여, 잉크공급부의 잉크를 전달하는 잉크 전달 수단; 상기 잉크 전달 수단을 지지하기 위한 상기 프레임의 받침수단; 상기 프레임의 받침수단은 상기 응크 전달 수단을 구동하기 위해 상기 기판과 연동되고, 상기 제어 신호에 즉각 반응하고, 상기 기판의 일측 이미지와 기판의 타측 거울 이미지의 생산을 위해 상기 잉크 전달 수단을 제어하는 것을 특징으로 하는 복제 장치

중간사건 대응

미국 전시회에서 발표한 신제품은 예상보다 더 좋은 반응을 얻었다. 이에 따라 해외 각지에서 주문이 들어왔고, 삼한기업의 매출은 큰 폭으로 상승하였다. 이러한 회사의 성장을 통해 인력을 보다 더 채용하고, 사세를 확장시킬 수 있게 되었다.

다들 정신없이 바쁘게 지내면서도 일상적인 날들이 이어지고 있었다. 특허를 출원한 지 1년 6개월이 지난 어느날, 특허청에서 보내온 〈의견제출통지서〉를 최 변리사가 보내주었다.

〈의견제출통지서〉에는 특허법 제42조제4항제2호에 의거하여 특허를 받을 수 없으니, 보정을 하여 제출하기를 바란다는 내용이 기록되어 있었다. 이를 받아본, 박 대리는 최 변리사에게 바로 전화를 걸었다.

"안녕하세요. 최 변리사님, 다름이 아니오라 우리 회사에서 저번에 출원한 특허가 거절되었다고 하는데, 어떻게 된 것인지 궁금해서 전화드렸습니다."

"자세한 내용을 말씀드리자면 특허법부터 논해야 하는데, 결론을 먼저 들으시는 것이 어떠신지요?"

"그래 주시면 저야 좋지요."

"네, 양해해주셔서 감사합니다. 그럼 결론부터 말씀드리면 저번에 출원한 특허는 이번에 〈의견제출통지서〉가 나왔지만, 단순한 기재불비로 인해 거절된 것이므로, 발명의 상세한 설명에 의한 보정을 거친 후, 다시 심사관의 심사를 거치면 등록될 것입니다."

"아! 그게 정말인가요? 그럼 저희 특허가 등록될 수 있다는 말씀이신가요?"

"네, 그렇습니다."

"그런데 왜 기재불비가 나오게 된 것인지 궁금하네요."

"검토를 해 보니, 심사관님께서 출원한 특허의 청구범위에 기재된 구성요소 중 하나가 명확하지 않다고 판단하시고, 그에 따라 기재가 불비하다고 하여 1차적으로 거절을 한 것이네요. 그래서 도면에 나와 있는 각도와 방향을 참조해서 권리범위를 수정하면 될 것 같습니다."

"와! 굉장히 어려운 말이네요. 솔직히 잘 이해가 가지 않아요."

"하하하, 나중에 수정작업이 완료되면 연락을 드릴 테니, 제 사무실로 한번 오시죠. 그때 특허 문헌을 보면서 자세하게 설명해 드릴게요."

"네, 알겠습니다. 그럼 바쁘실 텐데, 잘 부탁드립니다. 연락 주시면 찾아뵐게요."

"네, 그럼 조만간 연락드릴게요."

최 변리사와 통화를 끝낸 박 대리는 안도의 한숨을 내쉬었다. 박 대리는 그동안 특허에 대한 공부를 어느 정도 하였다고는 생각했는데, 확실히 하나의 과정을 처음부터 끝까지 해보아야 감이 올 것 같았다. 박 대리는 본인의 부족한 지식을 채우기 위해, 퇴근 후에 별도로 도서관에서 지식재산 공부를 하기로 결심하였다.

출원된 특허, 등록되다!

최 변리사의 보정 작업이 완료된 특허명세서를 다시 특허청에 제출한 지, 약 3개월이 지난 시점, 드디어 기다리고 기다리던 〈특허등록결정서〉가 나왔다. 〈특허등록결정서〉를 받아본 박 대리는 너무 기뻐 두 주먹을 불끈 쥐었다. 그동안 특허권을 보유하지 못해 신웅기업으로부터 특허 침해 경고를 받은 일, 새로운 제품을 개발하면서 수많은 시행착오를 겪은 날들, 좋은 권리범위를 가진 특허를 출원하기 위해 머리를 싸매며 특허명세서를 작성했던 일들 모두가 스쳐 지나갔다.

그리고 이 특허를 작성할 때, 황서우 팀장이 미국에서 박사학위 과정 동안 5개의 SCI 논문과 3개의 특허를 작성했던 경험이 새로운 제품의 특허를 작성하는 데 도움이 되었었다.

출원했던 특허가 등록되었다는 소식에 이정도 사장이 매우 기뻐하였다. 각고의 노력을 들인 신제품의 반응이 좋아서 이를 보호해줄 특허권이 꼭 필요했기 때문이었다. 또한, 이제 특허 분쟁에서 방어할 수 있는 하나의 방패가 생겼기 때문에 든든한 마음을 숨기지 않았다.

이정도 사장은 연구개발 2팀과 최 변리사에게 파격적인 인센티브와 보상을 주면서, 앞으로 더욱더 기대한다는 칭찬을 아끼지 않았다.

"황 팀장님, 고생하셨습니다. 황 팀장님께서 우리 회사에 오시고, 개발한 제품이 대히트를 쳐서 작년 대비 올해 많은 매출이 있을 것으로 예상하고 있습니다."

"저야 당연히 해야 할 일을 했을 뿐입니다. 오히려 부족한 저를 믿고 따라준 팀원들의 공이 큽니다."

황 팀장은 팀원들에게 공을 돌릴 줄 아는 미덕을 가진 인물이었다. 이러한 황 팀장을 이정도 사장은 더욱더 신임하게 되었다. 사실 이번 신제품은 유전자공학의 크리스퍼 기법에서 떠올린 아이디어가 기반이 되어 만들어진 작품이었다. 그렇기 때문에, 황 팀장의 역할이 컸다는 것은 누구나 아는 사실이었다.

대다수의 사람들은 이런 상황에서 본인의 공이 컸다는 것을 과시하거나 자랑하고 싶어 한다. 하지만 황 팀장은 혼자만의 힘으로는 많은 일을 할 수 없다는 것을 잘 알기에, 그리고 본인을 믿고 따라주며 같이 일해준 팀원들이 진심으로 고마웠기에 겸손히 그 공을 다른 이에게 돌렸다. 자연히 박 대리를 비롯한 연구개발 2팀원들은 더욱더 황 팀장을 믿고 따르게 되었다.

삼한기업의 마케팅팀은 이번 특허 등록을 계기로 제품의 신규 기능과 다른 회사들보다 진보된 기능을 대대적으로 홍보하는 기획을 세웠다. 또한, 경영팀에서는 앞으로 매출 확대 예상에 따른 생산능력을 확보하기 위한 계획을 수립하였다.

하나의 특허가 등록되자, 삼한기업의 각 부서에서는 이를 최대한 활용하여 기업의 성장에 도움이 되는 활동이 연속적으로 이어져 나가게 되었다.

답은 우리가 가지고 있다

그로부터 1년 후, 박 대리는 그동안의 성과를 인정받아 과장으로 승진하게 되었다.

"축하하네. 박정환 과장. 앞으로도 계속 우리 삼한기업에서 중추적인 역할을 해주길 바라네."

"감사합니다. 사장님 기대에 부응하도록 하겠습니다."

짝짝짝! 여기저기에서 박수소리가 터져 나왔다. 박정환 과장의 승진식에는 많은 직원들이 참석하여 축하를 해주었다.

승진식이 끝나고, 오랜만에 새로운 특허 출원과 관련한 의뢰에 대해 물어볼 겸 최 변리사를 찾아갔다.

"최 변리사님, 잘 지내시고 계셨죠?"

"물론입니다, 박 대리님. 아니죠. 오늘부터 박 과장님이라고 불러야겠네요. 하하하. 승진하신 것 축하드립니다."

"벌써 소문이 났나요?"

박 과장은 동그랗게 커진 눈으로 최 변리사를 보면 말했다.

"우리 특허법인의 중요한 고객이신 삼한기업의 인사동향은 당연히 알고 있죠."

"역시 최 변리사님은 대단하시네요."

최 변리사도 그동안 더 많은 일을 하면서, 특허법률사무소에서 특허법인으로 사세를 확장하였다. 물론, 그러한 바탕에는 최 변리사의 실력과 인품이 가장 큰 이유로 작용하였다. 오랜만에 둘은 같이 점심을 먹기로 하였다. 메뉴는 뜨거운 닭칼국수로 정했다.

"속이 뜨거워지는 것이 마치 좋은 보양식을 먹는 듯하군요."

"그러게요. 역시 한국사람은 뜨거운 음식을 먹어야 힘이 나는가 봅니다."

"우리가 만난 지도 벌써 3년이 되어가는군요."

"벌써 그렇게 되었나요?"

최 변리사는 박 과장과 처음 본 순간을 기억했다. 순수한 일의 열정을 가지고 있던 박 과장이 점점 능력을 키워 나가면서 어느새 한 중소기업의 핵심적인 역할을 하는 인재로 성장한 것을 보게 되니 감명이 깊었다.

박 과장은 최 변리사를 만나게 되면서, 본인의 분야 이외의 특허에 대한 지식과 경험을 키우면서 막막하기만 했던 미래의 꿈을 위해 한 발짝씩 나아가는 본인에 대해 점점 자부심을 느끼고 있었다.

"이제 특허에 대해서는 많이 알게 되셨죠?"

최 변리사가 박 과장에게 물었다.

"아직도 부족하죠. 그래도 최 변리사님 덕분에 문외한 소리는 듣지 않게 된 것 같아요."

"하하하, 박 과장님 정도면 웬만한 특허 출원 절차와 특허 침해 공격과 대응에 대한 일은 수행하실 수 있을 겁니다. 그 정도만 돼도 일반 기업체에서는 충분히 필요한 지식재산 업무능력을 쌓으신 거라고 생각합니다."

최 변리사는 조용히 웃으며 말했다.

"사실 과장이 되니까, 기쁘기도 하지만 부담감도 많이 느껴요. 회사에서는 더욱더 많은 기대를 할 텐데 말이죠."

"걱정하지 마세요. 박 과장님은 앞으로도 충분히 잘하실 거예요. 지난 3년간의 압축적인 경험은 일반적인 업무만 하는 직원은 쉽게 겪기 힘든 일이에요."

"그러게요. 특허 침해 경고에 대응했던 일, 우리 회사의 새로운 제품에 대한 개발과 함께 특허명세서를 직접 작성하면서 특허를 출원했던 일 모두 정말 보람찬 일이었어요."

"저는 의뢰인들을 보면서 그동안 느낀 것이 하나 있는데요. 어쩌면 답은 의뢰인들이 이미 가지고 있다는 생각이 들어요."

"어떻게 그런 생각을 가지게 되셨지요?"

"단순한 아이디어든, 복잡한 도면을 가지고 찾아오셔서 특허를 내시고 하시는 의뢰인들을 만나면 처음에는 본인이 무엇을 정확히 원하시는지 모르는 분들이 많아요. 하지만 계속 상담을 진행하면서 이야기를 하다 보면 대부분 문제의 해결을 위한 답을 그분들께서 가지고 계시더군요. 이번에 삼한기업에서 특허를 가지게 된 과정을 잘 떠올려 보세요. 이번 특허는 다른 기업에서 매입한 것이 아니죠. 박 과장님을 비롯하여 새로 오신 황서우 박사님이나 다른 직원들을 삼한기업에서 충분히 대우해 주시고, 활용했기 때문에 좋은 특허를 출원하고, 우수한 신제품을 개발할 수 있었던 것이 아닌가요?"

최 변리사는 말을 마치고, 살며시 웃음을 보였다. 박 과장은 최 변리사의 말을 듣고 잠시 아무 말도 할 수 없었다.

'답은 이미 우리가 가지고 있다.'라는 화두에 박 과장은 앞으로도 본인이 더 배워야 할 것이 많다는 생각을 가지게 되었다.

〈보충자료: 특허 분쟁의 예방 전략〉

- **특허 문헌 조사유형**

1) 신제품 개발을 위한

: 개발 신기술에 대한 로드맵을 확보할 수 있음

2) 특허권 존재 여부 조사

: 제품 출시 전 특허 침해 가능성이 있는 특허검색으로 특허 분쟁을 사전에 방지하는 것이 목적

○ 조사 대상: 출원 중이거나 등록된 특허

○ 조사 제외 대상: 포기, 무효, 거절, 소멸 및 취하 등 출시예정제품을 회피 설계하여 해당 특허에 저촉되지 않도록 할 수 있음

○ 회피설계가 불가능한 경우:

- 정보제출(출원 중인 특허인 경우)을 통하여 등록 차단
- 무효심판(등록특허인 경우)을 통하여 해당 특허 무효화

3) 특허 등록 가능성 조사

: 특허조사결과를 바탕으로 해당 기술이 특허를 받을 수 있는 기술인지 여부 판단, 신규성 및 진보성 등의 특허요건 판단

만약, 특허 등록 가능성이 낮다고 판단되는 경우: 특허 등록 가능성을 높일 수 있는 방안을 집중적으로 부각시켜 명세서에 기재 후 → 특허 출원

특허 등록 가능성이 증대되고, 특허 출원 거절로 인한 출원비용 낭비를 사전에 방지하며, 의뢰인에게 작은 권리범위를 가진 특허라도 소유하게 되어 특허 분쟁에 있어서 훌륭한 방패를 가질 수 있게 됨

특허의 가장 중요한 속성은 배타권!

또한, 특허에서 중요한 점은 기술의 발전을 위해 기술을 공개하여 인류가 활용하도록 하는 점에 있음

4) 특허 무효 조사

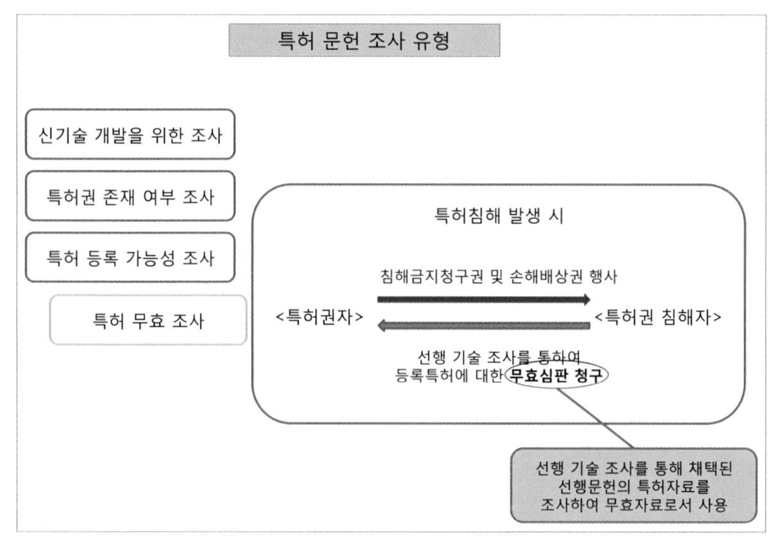

그림 10. 특허 문헌 조사 유형

- 특허 문헌 조사 방법

특정 문헌 정보 조사: 키프리스(무료사이트), 윕스(유료사이트) 등을 이용

○ 선행기술 조사: 10~20건 정도의 관련 특허 문헌을 조사하는 협의의 특허 조사

참고로, 조사대상기술이 명확히 특정되어야 선행 기술 조사를 하기에 적합함 만약, 조사대상 기술이 명확히 특정되지 않는 경우에는 특허맵 작성이 바람직함

○ 특허맵(Patent Map, PM): 대략 200~6,000건 정도의 관련 특허 문헌들을 조사하는 광의의 특허조사

○ 특허 문헌조사 - 정량 분석 - 정성분석 및 결론 도출에 약 2~6개월의 시간 소요

○ 특허맵을 통한 분석 내용
- 해당 기술의 발전 동향
- 경쟁업체의 기술개발 동향
- 경쟁업체의 특허 구축 현황

○ 특허 분쟁 예방 전략으로 회피설계 개발

- 회피설계

: 특허 청구 범위에 포함되지 않도록 설계하는 것

또한, 구성요소를 대체하는 경우, 대체된 구성요소가 원래 구성요소와 기능, 방식 및 결과가 균등하지 않도록 해야 함

* 대체된 구성요소가 균등한 경우에는 침해에 해당하니 유의할 것
단순히 구성요소를 한 개나 몇 개 더 추가하는 것은 특허 발명의 침해에 해당함

○ 경쟁사의 특허를 조사하고 싶을 때는, 특허 데이터 베이스를 통하여 조사
한국특허정보원(키프리스)의 무료 데이터베이스
윕스 등과 같은 유료 데이터베이스
특허 출원인 항목에 경쟁사의 이름을 기재한 후에 검색 실행

* 분쟁 예방을 위해서는 검색된 특허 리스트 중에서 공개 중이거나 등록된 특허를 추출하도록 함

참고로 공개 특허는 심사 과정 중에 권리범위가 변경될 수 있다. 따라서 회피설계를 진행한 후, 해당 특허의 심사 과정을 모니터링하도록 한다. 그 외에도 특허맵을 작성하여 대상 기술의 전반적인 현황을 파악할 수도 있다.

5장

특허를 이용한 경영계획을 수립하다

삼한기업은 최 변리사의 자문을 바탕으로 특허 포트폴리오를 구축하고, 그에 따른 계획을 차례대로 실행하였다. 이에 따라, 새로운 신제품을 출시할 때마다 관련된 기술 및 예측 가능한 타입에 대한 특허를 연속적으로 출원하였다.

특허 포트폴리오를 수립한 지 3년 만에, 15개의 특허를 출원하였고, 11개의 등록특허를 취득할 수 있었다. 비록 나머지 4개의 특허가 거절되기는 하였지만, 그래도 신규성이 아닌 진보성을 이유로 거절됨에 따라 특허 침해 소송의 위험은 덜게 된 것이 소득이라면 소득이었다.

물론, 이러한 배경으로 'Next X-1'이 좋은 시장 반응을 얻게 되어, 'Next X-2'와 'Next X-3'의 시리즈 제품이 성공을 거둔 것이 뒷받침된 것이 결정적이었다. 이를 토대로 연구개발비를 계속적으로 증가할 수 있었기 때문이다.

또한, 이러한 제품이 연속적으로 성공할 수 있었던 중요한 이유로 경쟁회사에서 삼한기업의 제품을 카피할 수 없도록, 삼한기업의 특허가 든든하게 존재해 주었기 때문에 가능한 것이었다.

삼한기업은 이제 'Next X-1, 2, 3' 제품에 대한 수익을 바탕으로 다른 의료기기를 개발하기로 경영계획을 수립하였다. 이러한 경영계획을 바탕으로, 앞으로 특허 출원 계획과 이러한 특허를 출원하기 위한 제품의 연구개발과 새로운 연구개발에 투입될 석·박사들을 스카우트하기 위한 인사방침을 수립할 수 있게 되었다.

나아가 특허 분쟁의 위험을 최소화시킬 수 있는 경영방침을 수립하고, 행동에 옮김에 따라 삼한기업은 더욱더 건전한 기업으로 성장할 수 있게 되었다.

적과의 동침(크로스 라이센스 협약)

어느 가을, 신웅기업으로 삼한기업의 이정도 사장과 유철인 전무, 황서우 팀장, 박정환 과장이 찾아왔다. 현관에는 한용희 사장이 마중 나와 있었다.

"어서 오세요, 이정도 사장님."

"환영해 주서서 감사합니다. 한용희 사장님, 잘 지내셨지요?"

"오늘 제가 좋은 차를 준비해 놓았으니, 어서 들어가셔서 이야기 나누면서 차를 즐기도록 하지요."

"네, 좋지요."

이정도 사장과 삼한기업의 직원들은 한용희 사장과 함께 회의실로 들어갔다. 회의실에는 마재석 팀장과 신웅기업의 직원들이 손님을 맞을 준비를 하고 기다리고 있었다. 마재석 팀장은 유철인 전무에게 악수를 청하며 말했다.

"전무로 승진한 것을 축하합니다."

"감사합니다. 마재석 팀장님이야말로 이번에 새로 내놓으신 신제품이 좋은 호평을 받고 있으시던데, 역시 대단하십니다."

"하하하, 그때 삼한기업으로부터 한 방 먹은 것이 약이 되었습니다. 그때 배려를 해주신 덕분에 우리 신웅기업에서는 정신을 바짝 차릴 수 있었습니다. 감사합니다."

둘은 웃으며, 지난 과거를 회상하며 인사를 나누었다.

"덕분에 신웅기업도 발전하고, 우리 삼한기업도 발전할 수 있었지요. 오늘 이렇게 특허 라이센스 계약을 서로 협약할 수 있었던 것도 그 때문 아니겠습니까?"

"맞습니다. 앞으로 우리 더 잘해 봅시다."

유철인 전무와 마재석 팀장은 서로를 바라보며 웃었다.

오늘 이 자리는 삼한기업과 신웅기업이 서로의 특허에 대한 라이센스 계약을 체결하기 위해 모인 것이었다. 과거의 라이벌과 손을 잡게 된 것이었지만 계약은 훈훈한 분위기에서 진행되었다.

지난날 서로에게 창을 겨누었던 두 기업은 특허 침해 협상을 통해 우호적 관계를 가지기로 노력했었다. 특히 양쪽 회사의 두 사장은 특허 분쟁과 같은 일이 또다시 발생하는 것은 장기적으로 좋지 않다는 점에 공감하며, 서로 다른 제품을 개발하면서 중복되는 투자가 발생하지 않도록, MOU를 맺었었다.

그 결과, 삼한기업과 신웅기업은 서로 가장 잘 만들 수 있는 분야에 집중할 수 있었는데, 삼한기업은 유전자 분석장치에 대한 새로운 제품들을 연이어 내놓을 수 있었고, 신웅기업은 질환에 대한 진단센

서와 그에 대한 시스템에 대한 라인업을 구축할 수 있었다.

그렇게 사업을 진행하면서, 둘은 서로의 제품을 호환성 있게 만들 수 있다면 몇 배의 시너지가 발생한다는 것을 알게 되었다.

유전자 분석 장치를 이용해 나온 결과를 진단센서를 이용해 질병을 예측하고 치료할 수 있는 시스템을 만들면 병원에서 오랫동안 검사를 위해 대기하는 환자들의 시간을 최소화시킬 수 있다. 또한 의사들의 오진도 줄어들어 의료분야에서 많은 사람들을 이롭게 할 수 있었다.

두 가지 분야의 발명을 서로 융합함으로써 세상을 더욱더 이롭게 할 수 있다고 판단한 두 기업은 서로의 제품과 특허의 사용에 관한 라이센스 계약을 맺기로 하였고, 그에 따른 첫발을 내딛은 것이었다. 이 과정에서 황서우 팀장과 박정환 과장의 역할이 결정적이었다.

개방성과 상호성을 이용해 문제를 해결하는 법

몇달 전 회의 중, 황서우 팀장은 박정환 과장으로부터 질문을 하나 받았다.

"황 팀장님, 어제 인공지능을 이용해서 환자를 검진하는 시스템에 대한 신문을 봤었는데요, 앞으로 의사 역할을 컴퓨터가 대신하게 될 것 같은가요? 팀장님 생각은 어떠세요?"

"미래에 대한 일은 아무도 모르지요. 하지만 앞으로 법률 서비스에 대한 자문이나 진단의학 같은 경우는 컴퓨터가 하게 될 가능성이 매우 높은 것 같아요. 다만, 컴퓨터에서 오류가 발생하게 되는 경우, 매우 위험한 상황들이 벌어질 수 있다고 생각해요. 그래서 그에 대한 보완책이 반드시 필요하다고 생각하고요."

"그 말씀에 따르면, 앞으로 의료기기 분야에서 인공지능에 대한 개발이 활발하게 되리라는 것은 누구나 예상할 수 있겠군요."

"그렇지요."

“그렇다면 그것과는 별개로 사람의 판단이 중요한 영역에 대한 시스템을 만들어서 판매하는 것은 어떨까요?”

“흠… 그것 괜찮은 생각 같군요. 다만, 명확하지 않으니 우리 팀원들과 같이 한번 이야기를 나누면서 기획안을 만들어보는 것이 좋겠군요.”

“네! 제 의견을 받아들여 주셔서 감사합니다.”

두 사람의 대화가 끝나고 나자, 김진희 대리가 질문을 던졌다.

“그런데요, 황 팀장님은 토론을 참 좋아하시는데, 그 이유가 무엇인지 궁금한데 여쭈어봐도 될까요?”

“하하하, 진희 씨가 가끔 엉뚱하지만, 참 좋은 질문을 해주어서 좋아요. 흠, 제가 재미있는 이야기를 하나 해드릴게요. 예전부터 생물학자들이 10여 년 동안 못 풀던 난제가 있었어요. 그런데 그 문제를 일반 사람들이 해결했다면 믿어지세요?”

“네? 정말이요?”

김진희 사원이 눈을 동그랗게 뜨며 되물었다.

“네, 정말이에요. 그것도 온라인에서 게임 형태로 문제를 내놓고, 일반 사람들이 참여해서 그 문제를 해결하는 시스템을 채용해서 해결했었어요.”

“신기하네요. 전문가들은 일반 사람들의 의견을 잘 귀담아듣지 않는 사람들이 많을 텐데요.”

“그것은 흔히 일반인들이 가지는 선입견이에요. 생물학자들과 경제학자들은 고집스럽지만, 닮은 점이 있어요. 그것은 자연과 시장을 관찰한다는 점이지요. 생물학자들은 자연의 생태계를 집요하게 관찰하고, 오랫동안의 사유를 거쳐 새로운 연구결과들을 내놓지요. 그리고 경제학자들은 수많은 역사적인 일들을 수집하고, 시장을 분석해서 새로운 개념을 내놓아요. 그런데 무조건 그들이 맞는 것은 아니에요. 가끔씩 그들이 내놓은 새로운 결과에는 모순이 있는 경우가 종종 있어 왔지요. 그럴 때, 전혀 다른 분야라고 생각한 곳에서 그것에 대한 해결책이 제시되는 경우가 있어요. 어쩌면 생물학 분야에서 10여 년 동안 풀지 못한 난제에 대한 해답을 다른 사람들의 참여를 통해서 해결할 수 있다고 생각한 사람은 그러한 점을 염두해 두었을 것이라고 생각해요."

황서우 팀장의 이야기에 박정환 과장은 '개방성'과 '상호성'을 제품에 어떻게 연관시킬 수 있을지 고민하게 되었다. 그러한 고민들은 황서우 팀장과 같은 팀원들과 공유하였고, 때로는 여자친구인 한송이와 농담을 주고받으면서 삼한기업에서 새로 만들 수 있는 제품에 대한 구체적인 반영으로 발전시킬 수 있었다.

이 과정에서 박 과장은 '역시 일이란 혼자 하는 것이 아니라'는 것을 다시 한 번 깨닫게 되었다. 또한 좋은 사람들과 같이 일할 수 있다는 것에 대해 감사하며 큰 행운이라고 생각했고 더욱더 일에 대한 열정을 불태울 수 있었다.

공생의 길

삼한기업과 신웅기업에서 합작하여 새로이 내놓은 의료시스템은 시장에서 굉장한 호평을 얻었다. 더욱이 과거의 문제 해결방식과는 다른 방식을 가지도록 구성된 유전자 분석 시스템은 환자들의 경제적 부담을 크게 줄여줄 수 있었다.

또한, 새롭게 내놓은 제품에 대해 많은 특허를 확보한 두 기업은 해외 특허 괴물의 공격에 대해서도 충분한 방어를 취할 수 있었다. 또한, 많은 양질의 특허권을 보유할 수 있어, 국제적으로 다른 해외 기업들보다 우수한 기술을 가졌다고 인정받았다. 덕분에 국가에서 낮은 금리로 자금을 융통할 수 있게 되었고, 두 기업은 더욱더 많은 직원들을 채용할 수 있게 되었다.

아울러, 동종업계의 다른 분야보다 높은 임금을 주는 시스템을 채용하면서, 이에 따라, 좋은 일자리를 원하는 청년들은 누구나 삼한기업과 신웅기업에서 일하고 싶어 했다.

박 과장은 이러한 모든 일이 꿈만 같았다. 본인이 이루고 싶었던 꿈을 본인의 회사를 가지지 않고도, 간접적으로 이룰 수 있었기 때문이다. 물론 그렇다고 박 과장이 꿈을 버린 것은 아니다. 아직은 본인이 삼한기업에서 해야 할 일이 많았고, 좋은 사람들과 일하면서 계속 새로운 것을 배워 나가면서 성장을 지속해야 한다는 것을 알고 있었기에 더 많은 경험을 얻기 위해 기반을 다지는 것이었다.

회사의 지원으로 박 과장은 앞으로의 미래를 준비하기 위해 해외 연수를 2년간 다녀오기로 했다. 박 과장 곁에는 이제는 그와 결혼한 한송이가 있었다. 이륙하는 비행기 안에서 박 과장은 다시금 미래를 위한 결의를 다졌다.

참고1: 사례 및 판례로 보는 특허권의 침해와 대응

필자는 가상의 시나리오를 통해 독자들이 특허의 침해와 대응, 그리고 특허가 출원되고 난 후 등록되는 과정에 대해서 재미와 관심을 가지도록 노력하였다. 나아가, 현실에서 발생했던 몇 가지 사례를 통해 독자들의 이해를 더욱더 돕고자 하였으니, 여유가 있다면 다음에 소개하는 사례에 대해서 편한 마음으로 읽어 보기를 권한다.

사례

· 국내 모 기업체의 경고장 대응 사례

국내 L사는 미국의 거대기업 중 하나인 G사로부터 당사 공정 X가 자신의 공정특허를 침해하고 있으니, 모든 침해행위를 즉시 중단하고 로열티 협상에 나설 것을 요구하는 경고장을 접수하였다. 권리의 정상유지 여부, 정당권리자여부 등을 검토해 보았으나 정당한 권리의 정당한 권리자에 의한 정당한 경고였다.

다음으로 침해 여부를 판정하기 위해, 특허권의 범위를 결정하는 특허청구범위를 분석한 후, 당사의 공장에 직접 찾아가서 제품이 만들어지는 과정을 세밀하게 살펴보았다. 검토 결과 문언적으로는 침해라는 결론이 나왔다. 그래서 특허청구범위를 축소해석할 여지는 없는지를 살펴보기 위해 심사경과서류를 입수하여 검토해 보았다.

심사경과서류를 검토하는 과정에서, 특허권자가 심사 과정에서 심사관의 거절이유에 대해, 그 거절이유를 극복하고자 '자신의 발명은 이것이다'라고 표현한 부분에서 문언적 범위를 축소 해석할 근거를 찾을 수 있었다.

문언적으로는 '~을 가진 레진으로 구성된 염색제'로 되어 있었으나, 심사경과서류상에서는 '그 레진은 xxx성분은 제외하는 것'으로 되어 있었다. 따라서 xxx성분을 사용하는 당사의 염색제는 그 권리범위에서 벗어나 있는 것이었다. 이를 근거로 회신을 보냄으로써, 경고장을 깨끗이 해결할 수 있었다.

판례

○ 귀뚜라미 보일러는 규원테크가 개발한 하이브리드 보일러* 기술이 자사의 특허를 침해했다면 특허심판원에 제소

*하이브리드 보일러: 기름과 가스를 겸용으로 사용할 수 있는 보일러

○ 규원테크는 귀뚜라미의 특허가 자사의 기술범위에 속하지 않는다며, 권리범위확인심판을 청구하여 대응

('확인대상발명은 이 사건 특허발명의 권리범위에 속하지 않는다'고 주장하면서 소극적 권리범위확인심판을 청구하고, 확인대상발명을 보정함)

○ 이에 대해 특허심판원은 규원테크의 기술이 귀뚜라미의 특허 권리범위에 속하지 않으며, 일부 구성 또한 다르다고 심결함

○ 특허심판원은 "확인대상 발명(화목겸용 기름보일러)은 비교대상발명(유류겸용 화목보일러, 석유와 목재를 겸용해 사용하는 보일러)과 기술분야가 동일하고, 통상의 기술자가 비교대상발명과 주지관용기술에 의해 쉽게 실시할 수 있는 자유실시기술에 해당한다"며 "확인대상 발명은 권리범위에 속하지 않아 기각한다."고 판결함

○ 특허심판원은 1심에 이어 2014년 11월 2심에서도 규원테크의 승소를 심결

○ 심결에 따른 심판비용은 귀뚜라미가 모두 부담하게 됨

○ 하지만 귀뚜라미는 심결을 받아들이지 않고, 취소를 요구하며 항소를 제기

○ 결국, 특허법원으로 분쟁이 넘겨지게 됨

○ 2015년 4월 9일, 대법원은 귀뚜라미가 규원테크를 대상으로 상고한 권리범위확인 특허소송에서 상고를 기각한다고 판결

참고 2: 판례로 보는 상표의 유사판단

이건 상표: SHOW

인용상표: Showland

가. 'Showland'는 'Show'와 'Land' 부분이 모두 쉬운 영어단어라, 두 개의 단어로 구성되어 있다는 것을 알 수 있다. 하지만 서로 띄어 쓰기 없이 일체로 결합되어 있고 전체적으로 '쇼랜드'라고 불릴 수 있으며, 그 호칭도 3음절로 비교적 짧고 간단하여 수요자나 거래자로서는 전체로 호칭하는 것이 자연스럽다. 반면, 이를 분리한 후 1음절에 불과한 '쇼' 또는 표장의 뒷부분에 위치하면서 지정서비스업과의 관계에서 식별력이 없거나 미약한 '랜드'로만 호칭하는 것은 독자적인 자타서비스업의 식별표지로 가능하기에 적합하지 아니하여 매우 부자연스럽다.

나. 또한 'Show'는 '쇼, 구경거리, 전시회' 등의 의미로 흔히 사용되는 포괄적, 일반적인 단어로서 일상생활에서 통상 그 자체만으로 사

용되기보다는 '패션쇼, 모터쇼, 스포츠용품쇼, 디너쇼' 등과 같이 그 내용을 한정하는 다른 단어와 함께 사용되는 특성이 있고, 'Land' 역시 '나라, 장소, 영역' 등의 의미로 흔히 사용되는 단어로 그 자체로 사용되기보다는 '서울랜드, 디즈니랜드' 등과 같이 다른 단어와 함께 사용되는 것이 일반적이다. 선등록서비스표의 경우에도 'Show'와 'Land'라는 두 단어의 유기적인 일체로 결합하여 전체적으로 '쇼를 제공하는 장소' 내지 '쇼랜드'라는 독자적이고 한정된 의미를 새로 형성하고 있다.

다. 더욱이 이 사건 출원서비스표의 지정서비스업과 동일하거나 유사한 서비스업에 관하여는 그 출원일 전에 이미 'Show'를 포함하는 많은 상표들이 등록되거나 출원공고된 바 있음을 알 수 있다. 그러므로 적어도 이 사건 출원서비스표의 지정서비스업과 동일 유사한 서비스업을 지정서비스업으로 하는 서비스표에 관한 'Show'라는 단어는 서비스업표지로부터의 식별력이 부족하게 되어 있다고 볼 수 있다. 선등록서비스표의 구성 부분 중 'Show' 부분이 요부로서 분리 인식된다고 단정할 수는 없고, 따라서 일반 수요자나 거래자가 선등록서비스표를 'Show' 부분만으로 간략하게 호칭하거나 관념하지는 아니한다고 봄이 상당하다.

라. 그렇다면 원칙으로 돌아가, 이 사건 출원서비스표와 선등록서비스표를 전체적으로 관찰하여야 할 것인바, 양 서비스표는 그 관념

에 있어서 일부 공통되는 점이 있으나, 호칭이 서로 다를 뿐만 아니라 외관 또한 현저히 상이하여 동일 또는 유사한 지정서비스업에 다 같이 사용되더라도 수요자나 거래자가 서비스업의 출처에 관한여 혼동을 일으킬 염려가 없다고 할 것이어서, 양 서비스표는 서로 유사한 서비스표에 해당한다고 볼 수 없다.

에필로그

좋은 특허란 무엇인가?

이 질문에 어떤 사람은 비싸게 팔 수 있는 특허라고 대답할지도 모른다. 또 어떤 사람은 권리범위가 매우 넓은 특허로 다른 제품들에 대해 특허 침해 공격이나 소송에서 이길 수 있는 특허라고 대답할 수도 있다. 또 어떤 사람은 개인이 생산하거나 제작하는 물건, 또는 자사의 제품을 다른 특허 괴물이나 경쟁사로부터 법적으로 보호받을 수 있는 특허라고 대답할 수도 있다. 모두 맞는 말이라고 생각한다.

'세상에 존재하는 맛있는 음식은 세상에 존재하는 어머니의 수만큼 있다.'라는 말처럼 세상에 존재하는 모든 특허는 모두 어떤 의미를 가지고 있으리라 생각한다.

한 가지 말하고 싶은 것은 '특허는 새롭고, 진보된 발명을 보호하기 위해 만들어진 제도'라는 것이다. 인류가 지금처럼 발전한 세상에서 살게 된 것은 불과 100여 년에 지나지 않는다. 그 과정에 있어 '특허'라는 제도는 세상의 많은 발명자를 보호해 주었다. 또한 특허라는 제도가 있어 기존 특허를 뛰어넘기 위해 더 많은 고심을 기울인 발명자들이 있을 수 있었다고 생각한다.

일반인들에게 특허란 어려울 수도 있다. 하지만 발명과 특허는 연관되어 있기에, 많은 개인 발명자들의 아이디어나 기업들의 연구개발에 대한 행위를 보호하기 위해 특허에 대한 중요성이 점점 더 증가하고 있는 것이 현실이다. 이 책은 특허로 인해 가상의 기업과 인물이 어려움을 겪을 수 있는 사건을 소설로 쓴 것이다. 독자들은 박 대리가 특허에 대한 일을 진행하면서, 다양한 사람들을 만나고, 다양한 경험을 통해 성장하는 것을 볼 수 있었을 것이다.

필자가 이 책을 쓴 이유는, 많은 사람들에게 한 인간의 노력과 성장을 통해 성공할 수 있다는 희망을 가상의 이야기를 통해서라도 보여주고 싶었기 때문이다. 아울러 이 책을 통해 많은 사람들이 특허에 대해 쉽고, 재미있게 접근할 수 있도록 도움을 받았으면 하는 것이 바람이다.

2016년 여름은 참으로 더웠다. 연일 폭염이 이어지면서, 더위에 지쳐 다들 힘든 상황이 이어졌다. 그리고 그해 겨울은 대한민국 국민들에게 큰 충격과 함께 도저히 믿을 수 없는 일들을 목격하는 시기였다. 이 고난의 시기에 수많은 촛불을 보면서 세상이 어지러워도 우리나라에 대한 희망을 보았다.

필자도 희망을 잃지 않고 일과 공부를 병행하면서 미래의 꿈을 위한 행동을 계속하고자 노력하였다. 이 책은 그러한 노력의 일환 중 하나로 탄생한 결과물이다.

마지막으로, 항상 나를 믿고 지지해 주신 아버지, 어머니께 사랑한다고 말씀드리고 싶다. 그리고 멀리 타국에서 고생하고 있을 나의 동생에게도 항상 응원한다는 말을 해주고 싶다. 내가 가장 존경하는 부모님과 동생, 장인어른, 장모님, 그리고 가장 사랑하는 나의 와이프 한송희에게 이 책을 바친다.